自媒体运营全攻略

苏 乐 —— 编著

文案写作+流量打造+
个人品牌+优势定位

清华大学出版社
北京

内容简介

本书详细介绍了从事自媒体职业的方法和技巧，内容丰富，实用性强，注重实操，与行业热点紧密结合，整体结构清晰，让读者一看就懂、一学就会，是学习自媒体运营的必备读物。全书内容分为7章，分别介绍了自媒体相关知识、自媒体的定位、自媒体平台的运营、优质原创内容的写作技巧、个人品牌的打造、自媒体变现方法，以及全职自媒体的运营方法。本书附赠自媒体写作音频讲解课和精华内容学习手册，便于读者自学。

本书适合从事自媒体职业和对自媒体工作感兴趣的读者阅读，也可作为自媒体相关培训机构的教材。

本书封面贴有清华大学出版社防伪标签，无标签者不得销售。
版权所有，侵权必究。举报：010-62782989，beiqinquan@tup.tsinghua.edu.cn。

图书在版编目(CIP)数据

自媒体运营全攻略：文案写作+流量打造+个人品牌+优势定位/苏乐编著. —北京：清华大学出版社，2022.5（2024.11重印）

ISBN 978-7-302-59814-5

Ⅰ.①自… Ⅱ.①苏… Ⅲ.①网络营销 Ⅳ.① F713.365.2

中国版本图书馆CIP数据核字(2021)第268910号

责任编辑：李　磊
封面设计：钟　梅
版式设计：孔祥峰
责任校对：马遥遥
责任印制：杨　艳

出版发行：清华大学出版社
网　　址：https://www.tup.com.cn，https://www.wqxuetang.com
地　　址：北京清华大学学研大厦A座　　邮　　编：100084
社 总 机：010-83470000　　邮　　购：010-62786544
投稿与读者服务：010-62776969，c-service@tup.tsinghua.edu.cn
质 量 反 馈：010-62772015，zhiliang@tup.tsinghua.edu.cn

印 装 者：小森印刷霸州有限公司
经　　销：全国新华书店
开　　本：165mm×235mm　　印　张：13.75　　字　数：300千字
版　　次：2022年5月第1版　　印　次：2024年11月第6次印刷
定　　价：69.00元

产品编号：095338-01

前 言

我在一次参观学习活动中被问到这样一个问题：你认为的理想生活是什么样的？当时我的回答是："杯中有茶，手中有书，袋里有钱。"而身处互联网时代，我很幸运地依靠自媒体过上了这种生活。

我从事全职自媒体这一职业有两年多了，通过写作收到很多平台抛来的橄榄枝，成为简书、富书和千聊等创作社区的特邀写作分享讲师，一年收到十多家出版社的出书邀请。与此同时，我的知乎主页获得50万次收藏，入选今日头条月度优质账号榜单和青云计划榜单，入驻小红书8天成为品牌合作人，还陆续收到趣头条和百家号的入驻邀请。

可以说，写作改变了我的人生轨迹，让我从一个普通的上班族跃升为细分领域的腰部达人，这是自媒体时代赋予我的红利。

曾经，会计专业毕业的我还在一家企业从事着不喜欢的工作，每天重复着两点一线的生活，一眼看到头的日子让人窒息。为了摆脱职业困境，我开始利用下班时间学习自媒体写作，幸运的是，我的第一次投稿就获得了10万+的阅读量，这给了我坚持下去的信心。随着作品越来越多，能力逐步提升，我便以此为跳板，转行到一家IT企业做运营，我特别喜欢这份工作，即便在公司没有指派任务的情况下也能够自我驱动，主动承担更多的事情，工作成果令人满意。

不过，一年后，我还是毫不犹豫地辞职了。

由于一次偶然的机会，我了解到一位自媒体作者的年收入有几十万元，更令人惊讶的是，她每天只需工作两三个小时，剩下的大把时间都用来旅行、游学，以及参与自己喜欢的各种活动，这是多少人梦寐以求的生活啊！

与之形成鲜明对比的是，那时候我经常加班，晚上十点多下班是常事。无数个深夜，看着倒映在路上的黑色影子，我经常感到迷茫和恐慌。

我不禁一次次地问自己：难道人生就这样了吗？还有没有别的可能呢？这份工作我能干到三十岁吗？当我结婚生子还能这样做下去吗？

为了更好的生活，我开始钻研自媒体写作，读知名作家的文章，拆解他们的变现模式，看了很多相关书籍，不断提升写作水平和认知格局。然后，我便开始争分夺秒地开展了自己的自媒体副业。

不久后，我的副业收入竟然超过了工资，我便狠下心来辞职成为自由职业者，正式运营自媒体平台，深耕个人品牌。

现在我已从事自由职业两年有余，不仅获得了不菲的收入，而且过上了生活与工作相对平衡的日子，也逐渐成了身边朋友羡慕的对象。

诚然，自媒体给普通人提供了改变命运的机会，这个工作不仅零投资、零成本、零背景就能开启变现之路，还能够带来满满的成就感与价值感。当我收到无数读者的留言，看到自己的文字带给读者改变的动力，帮他们解决了自媒体路上的困惑，甚至成为读者心中的"指路明灯"时，我都感到深深的自豪。

自媒体事业，在我的心中不仅是一份工作那么简单，更是我的人生使命——帮助更多人实现个人崛起，活出不一样的精彩人生。带着这份使命，我将在这个行业继续前行，用自己的知识与热情去激发他人、影响他人，共同为社会带来正能量。

在与读者互动的过程中，我发现喜欢写作的人特别多，但是能够靠写作实现财务自由的人则少之又少。有的人因为行动力缺乏，连第一步都难以踏出；有的人因为认知能力不够，即便拥有巨大的流量也不知道如何变现；有的人因为缺乏商业规划，哪怕眼前获得理想的收入，但随着行业红利的消失，收入很快就达到了天花板；有的人因为没有互联网思维，依然靠着出卖劳动力和时间换取微薄的回报，想要做自媒体工作却不知从何入手，只能观望和驻足。

面对一个新的行业，如果没有一个系统的顶层设计，没有一个全局的认知，想要在这个行业获得长足的发展确实不易。作为一个从零开始的自媒体人，我了解新人上路之后将会遇到的种种困惑。

为了帮助新人快速入门，我结合这些年的亲身实践，将写作培训经验汇聚成此书，毫无保留地分享方法与技巧，希望能够帮助大家少走弯路！

这本书可以解决这些问题

- 自媒体人如何定位
- 自媒体人如何变现
- 自媒体人如何通过写作打造个人品牌
- 有哪些平台可以实现自媒体变现
- 自媒体人如何保持长期的输出力
- 自媒体人如何成为自由职业者

适合阅读本书的群体

- 想要实现经济独立的学生
- 想要开启"斜杠身份"，构建多元收入的上班族
- 想要充实生活，寻找人生价值的宝妈
- 想要打造个人或企业品牌，获得流量的创业者

如何阅读这本书

- 读完每个章节，写一篇200字的收获感言发送至朋友圈，巩固学习效果。也欢迎读者朋友们把文章分享到知乎和头条等平台，带上#和苏乐一起学写作#，并@苏乐爱写作账号，笔者会第一时间回复。

- 读完全书，写一篇读后感并分享到公众号或任何平台，检验学习效果。通过读者反馈不断提升写作水平，养成写作习惯。

- 欢迎关注公众号"苏乐爱写作"，查看笔者往期发布的内容，进行配合学习，效果更佳。

- 欢迎读者把阅后文章投给我们的平台，添加苏乐微信HSX614369002，备注"书粉"可优先通过，加入内部粉丝群，和更多朋友一起学习。

- ◆ 擅长设计图片的朋友，建议将书中内容梳理成手账或思维导图，并且分享给更多人，既能展示你的设计技能，又能巩固阅读效果。

- ◆ 将本书分享给亲朋好友，帮助他们建立互联网思维，提升自媒体认知。如果你是一位创业者，笔者更建议把这本书送给你的员工，帮助他们打造更好的文案写作能力，从而为公司创造更多效益。

为便于大家学习，本书附赠自媒体写作音频讲解课和精华内容学习手册，读者可扫描右侧二维码获取。

感谢大家在浩瀚书海中选择了这本书，当你打开书的时候，我们之间的能量就得到了连接。如果你愿意更进一步地互动，欢迎添加笔者的微信，与笔者交流。

学习资源

最后，感谢出版社和编辑，如果没有大家齐心协力的付出与努力，这本书也不会顺利出版。今天恰好是我26岁的生日，在这样一个特别的日子里，我见证了自己的新书终于完稿，也算是送给自己的一份生日大礼。希望下一个生日到来之时，你我相逢在更高处。

苏　乐

2021年9月

目 录

01 第1章 认识自媒体
认知决定格局

- 1.1 自媒体的概念 ·········· 002
- 1.2 自媒体的特点 ·········· 002
  - 1.2.1 平民化 ·········· 003
  - 1.2.2 碎片化 ·········· 003
  - 1.2.3 交互性 ·········· 003
  - 1.2.4 多样性 ·········· 004
  - 1.2.5 传播性 ·········· 004
- 1.3 纸媒和自媒体的区别 ·········· 004
  - 1.3.1 纸媒与自媒体的准入门槛不同 ·········· 005
  - 1.3.2 纸媒与自媒体内容的精细化程度不同 ·········· 005
  - 1.3.3 纸媒与自媒体的交互性不同 ·········· 006
  - 1.3.4 纸媒与自媒体的展示形式不同 ·········· 006
  - 1.3.5 纸媒与自媒体的传播力不同 ·········· 006
- 1.4 自媒体的发展与流行 ·········· 007
  - 1.4.1 自媒体的发展历程 ·········· 008
  - 1.4.2 自媒体流行的要素 ·········· 008
- 1.5 自媒体的认知误区 ·········· 010
  - 1.5.1 误区1：做自媒体必须有好文笔 ·········· 011
  - 1.5.2 误区2：从事自媒体需要高学历 ·········· 011
  - 1.5.3 误区3：现在做自媒体已经太晚了 ·········· 012
  - 1.5.4 误区4：做自媒体需要做足准备 ·········· 012
  - 1.5.5 误区5：做自媒体需要天赋 ·········· 012
  - 1.5.6 误区6：自媒体文章过于庸俗 ·········· 013
- 1.6 哪些群体适合做自媒体 ·········· 014
  - 1.6.1 宝妈群体 ·········· 014
  - 1.6.2 上班族群体 ·········· 016
  - 1.6.3 学生群体 ·········· 018
  - 1.6.4 创业群体 ·········· 020
- 1.7 运营自媒体需要的能力 ·········· 022
  - 1.7.1 文案表达能力 ·········· 023
  - 1.7.2 粉丝经营能力 ·········· 023
  - 1.7.3 数据分析能力 ·········· 023
  - 1.7.4 图片设计能力 ·········· 023
  - 1.7.5 平台运营能力 ·········· 024
  - 1.7.6 自我营销能力 ·········· 024
  - 1.7.7 时间管理能力 ·········· 024

第 2 章 定位探索
快速入门自媒体

2.1 自媒体定位的误区 ·· 026
    2.1.1 误区 1：定位必须一下子搞清楚················ 026
    2.1.2 误区 2：定位必须一条路走到底···················· 026
    2.1.3 误区 3：定位时盲目跟风······························· 027
    2.1.4 误区 4：没有创作灵感就更换定位················ 027
    2.1.5 误区 5：不能选择大众领域··························· 027
2.2 探索自媒体定位 ·· 028
    2.2.1 从技能优势找到定位····································· 028
    2.2.2 从兴趣找到定位··· 030
    2.2.3 从大众领域找到定位····································· 031
    2.2.4 从创新领域找到定位····································· 033
2.3 自媒体精准定位 ·· 034

第 3 章 平台运营
搭建自媒体平台矩阵

3.1 自媒体平台矩阵运营的那些事儿······························· 038
    3.1.1 平台矩阵运营的好处····································· 038
    3.1.2 平台矩阵运营的注意点································· 039
    3.1.3 平台矩阵运营的时间管理····························· 041
3.2 自媒体平台运营方法：公众号··································· 044
    3.2.1 公众号改版的应对··· 044
    3.2.2 公众号账号的优化··· 048
    3.2.3 公众号涨粉妙招··· 051
    3.2.4 微信视频号运营··· 056
3.3 自媒体平台运营方法：今日头条······························· 061
    3.3.1 今日头条的优势··· 061
    3.3.2 今日头条的微头条功能································· 062
    3.3.3 今日头条的粉丝增长方法····························· 066
3.4 自媒体平台运营方法：抖音······································· 069
    3.4.1 打造抖音视频选题的方法····························· 070
    3.4.2 打造抖音视频文案的技巧····························· 071
    3.4.3 抖音视频常见定位与内容····························· 072
    3.4.4 抖音视频的后期处理····································· 073
    3.4.5 抖音直播技巧··· 074
    3.4.6 抖音的变现方法··· 076
3.5 自媒体平台运营方法：知乎······································· 077
    3.5.1 知乎的特点与优势··· 077
    3.5.2 知乎中回答应避开的误区····························· 078
    3.5.3 如何选择题目··· 079
    3.5.4 如何提升账号"盐值"··································· 081
    3.5.5 提升回答的吸引力··· 082

3.5.6　快速答题提升输出效率 083
　　3.5.7　把回答转为视频形式 084
　　3.5.8　知乎涨粉技巧 085
3.6　自媒体平台运营方法：小红书 086
　　3.6.1　小红书的特点 087
　　3.6.2　小红书账号设置方法 087
　　3.6.3　写出爆款笔记妙招 088
　　3.6.4　小红书中增加点赞和评论的方法 091
　　3.6.5　小红书中发布视频笔记的方法 092
3.7　自媒体平台运营方法：简书 093
　　3.7.1　简书的内容偏好 093
　　3.7.2　简书的优势 094
　　3.7.3　简书发文步骤 095
　　3.7.4　简书引流方法 096
3.8　自媒体平台运营方法：百家号 096
　　3.8.1　百家号的特点和优势 097
　　3.8.2　百家号常见的变现方式 097
　　3.8.3　百家号中如何通过新手期 098
　　3.8.4　百家号中如何打造爆款文章 101

第4章　内容为王　轻松打造优质的原创内容

4.1　高手们都在使用的写作方法 104
　　4.1.1　养成随时记录的习惯 104
　　4.1.2　记录创作灵感的方法 105
　　4.1.3　常用的手机记录工具 106
　　4.1.4　快速调取信息的方法 107
4.2　语音写作，让原创输出更轻松高效 107
　　4.2.1　讯飞语记语音写作 107
　　4.2.2　语音写作的好处 108
　　4.2.3　使用讯飞语记的方法 109
　　4.2.4　使用讯飞语记的注意事项 110
4.3　打造丰富的素材库 111
　　4.3.1　深挖个人经历 112
　　4.3.2　从陌生人身上找素材 112
　　4.3.3　通过互联网渠道找素材 113
　　4.3.4　通过书本找素材 113
　　4.3.5　通过影视节目找素材 114
　　4.3.6　通过旅行找素材 115
　　4.3.7　通过职业体验找素材 115
　　4.3.8　通过采访找素材 116

4.4 选题方法，助力写出爆款文章 —— 116
4.4.1 热点埋伏选题法 —— 117
4.4.2 热门影视选题法 —— 117
4.4.3 常规热点选题法 —— 118
4.4.4 知乎热搜选题法 —— 118
4.4.5 微博热点选题法 —— 119
4.4.6 同行爆款选题法 —— 119
4.4.7 认知反差选题法 —— 120
4.5 升级搜索力，内容写得又快又好 —— 120
4.5.1 搜索的重要性 —— 121
4.5.2 通过关键字搜索 —— 121
4.5.3 搜索渠道 —— 123
4.5.4 搜索的注意事项 —— 124

05 第5章 个人品牌 构建流量池的加速器

5.1 好名字是个人品牌的扩音器 —— 126
5.1.1 好的名字自带吸粉效应 —— 126
5.1.2 好名字的重要原则 —— 126
5.1.3 取个传播力强的好名字 —— 127
5.2 垂直深耕是品牌的护城河 —— 129
5.2.1 高手们的减法思维 —— 129
5.2.2 垂直深耕对于自媒体的价值 —— 130
5.2.3 保持垂直深耕的方法 —— 130
5.3 利用个人标签打造高价值品牌 —— 132
5.3.1 打造个人标签的重要性 —— 132
5.3.2 打造适合的个人标签 —— 133
5.3.3 打造标签的注意事项 —— 135
5.4 打造吸粉朋友圈 —— 136
5.4.1 打造朋友圈的关键点 —— 137
5.4.2 打造朋友圈需避免的事 —— 138
5.4.3 打造吸引人的朋友圈 —— 140
5.5 借力以帮助个人品牌出圈 —— 143
5.5.1 成为优秀案例 —— 143
5.5.2 成为社群的管理员 —— 143
5.5.3 利用分销孵化个人品牌 —— 144
5.6 利用社群涨粉引流，打造明星品牌 —— 144
5.6.1 值得重点运营的社群类型 —— 145
5.6.2 社群引流的策略 —— 146
5.7 微课涨粉，打造自媒体专家品牌 —— 148
5.7.1 开课前的准备工作 —— 149
5.7.2 课程开展中的工作 —— 150
5.7.3 课程结束后的工作 —— 151

第6章 06
自媒体变现
实现财务自由

6.1 读者赞赏变现 154
6.2 公众号投稿变现 154
 6.2.1 公众号投稿的优势 154
 6.2.2 公众号投稿的注意事项 155
 6.2.3 公众号投稿的误区 157
6.3 软文写作变现 158
 6.3.1 软文写作的变现方法 159
 6.3.2 优质文案写作技巧 160
6.4 问答红包 161
 6.4.1 事半功倍的答题技巧 161
 6.4.2 常见的答题误区 162
 6.4.3 独门选题方法，让你少走弯路 163
 6.4.4 排版精美，让答案更精彩 164
6.5 一对一咨询变现 164
 6.5.1 一对一咨询的价值和意义 165
 6.5.2 一对一咨询的注意事项 166
 6.5.3 新手必知的咨询平台 167
6.6 付费社群收入 168
 6.6.1 社群的意义与价值 168
 6.6.2 常见的社群类型 169
 6.6.3 社群变现方法解析 170
6.7 课程变现 173
 6.7.1 课程内容的打造 174
 6.7.2 课程运营方法 175
6.8 电商带货变现 176
 6.8.1 电商带货的选品 176
 6.8.2 写好带货文案 177
6.9 出书版权收入 179
 6.9.1 图书出版的必备条件 179
 6.9.2 出书前的准备工作 180
 6.9.3 书籍写作技巧 182

第7章 07
全职自媒体
自由职业的精进术

7.1 自由职业会遇到的挑战 186
 7.1.1 收入不稳定 186
 7.1.2 综合能力的挑战 186
 7.1.3 行业更迭的危机 187
 7.1.4 家人和朋友的反对 188
 7.1.5 工作量剧增 188
 7.1.6 考验自律能力 188

7.2 自由职业的重要准备 ······ 188
7.2.1 副业试错 ······ 189
7.2.2 补齐能力短板 ······ 189
7.2.3 筹备生活资金 ······ 189
7.2.4 做好行业调研 ······ 190

7.3 全职自媒体的高效工作法 ······ 190
7.3.1 保持桌面干净整洁 ······ 191
7.3.2 按重要程度列出任务清单 ······ 191
7.3.3 保持和上班时间一样的作息 ······ 192
7.3.4 找到工作的仪式感 ······ 193
7.3.5 打造办公区域 ······ 193

7.4 自媒体需要搭建的人脉网 ······ 193
7.4.1 名人 ······ 194
7.4.2 超级情报员 ······ 194
7.4.3 拥有人脉的人 ······ 194
7.4.4 行业专家 ······ 195
7.4.5 付费客户 ······ 195
7.4.6 明星学员 ······ 196
7.4.7 合作伙伴 ······ 196

7.5 全职自媒体如何突破瓶颈 ······ 197
7.5.1 全职自媒体必然遇到的瓶颈 ······ 197
7.5.2 如何走出瓶颈期 ······ 198

7.6 全职自媒体应保持的成长维度 ······ 201
7.6.1 自由职业者更需要成长 ······ 201
7.6.2 关注 4 个维度的成长 ······ 201
7.6.3 全职自媒体人如何保持成长 ······ 202

名人推荐 ······ 205

学员评价 ······ 206

第一章

认识自媒体
认知决定格局

在开启自媒体事业之前，应该先了解自媒体的概念和相关知识，只有树立正确的观念，破除偏见与误区，才能在自媒体领域走得更稳、更长远。

认知决定格局，格局决定结局。本章的重点内容为自媒体的概念和特点，以及了解不同群体如何利用自媒体开启自己的事业。

1.1 自媒体的概念

依托于互联网的发展,自媒体已经成为一种新的行业趋势,文案写作、运营设计、视频拍摄剪辑等新兴职业也应运而生。与此同时,自媒体已经广泛存在于我们的生活当中。

自媒体到底指的是什么呢?

顾名思义,自媒体也叫个人媒体,是一种以互联网为依托,通过图文、音频、视频和直播等形式展现出来的内容生态。我们平时在网上看到的公众号文章、抖音视频、头条图文都属于自媒体(见图1-1)。可以说,自媒体完全改变了人类获取信息的习惯,也改变了年轻一代的就业方式和理念,它打破了不同行业、不同圈层之间的壁垒,使得人与人的商业交流与合作更加方便、更加自由、更加紧密,提升了商业合作的触达效率。

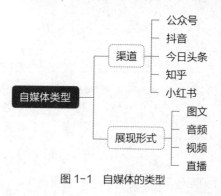

图1-1 自媒体的类型

1.2 自媒体的特点

进入一个新的行业,要做的第一件事,就是了解行业的特点。自媒体也不例外,我们只有了解这个行业的特点与风格,才能在后续的具体工作中做到游刃有余。

自媒体具备的5个特点(见图1-2)，你了解多少呢？

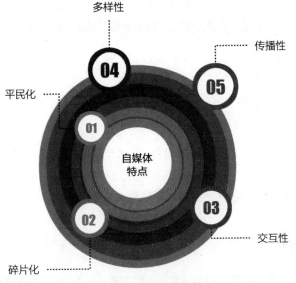

图 1-2　自媒体的特点

1.2.1　平民化

没有一个行业比自媒体更加平民化了，放眼望去，自媒体捧红了太多的普通人。中学老师周冲因内容创作成为公众号大咖，从月薪三千元到月入百万元，走向人生巅峰；柜哥李佳琦走上直播之路，变成"带货一哥"，身价过亿；外企上班族赵星写作10年，赶上自媒体浪潮，摇身一变成为畅销书作家，收入更是令人望其项背。

自媒体给普通人带来了太多商机，顺势而为，就有实现个体崛起的希望。

1.2.2　碎片化

在如今这个快节奏的时代，人们的时间被切割得越来越细碎，很难抽出完整的时间来学习，更常见的是利用碎片时间在手机上获取碎片的、零散的信息。为了契合现在用户的这种时间节奏，满足用户的阅读需求，自媒体内容体现了短、平、快的特点，以此来争得用户稀缺的注意力。

1.2.3　交互性

互联网时代，自媒体走进千家万户，一根网线就可以实现点对点的交流，这为作者和读者之间架起了沟通的桥梁，使得彼此之间的关系与联系变得更加密切。

从这个层面来说，自媒体打破了传统媒体在空间上的界限，创作者和读者之间的交互性变得更强了，无论彼此相隔多远，只要拿起手机就可以进行微信聊天、朋友圈社交、语音交流、视频通话等。人与人之间更容易交流，联系也更加紧密，也更容易形成一个社交圈子。

1.2.4 多样性

从单一的图文再到音频和视频的内容形式，各种元素越来越多元化，给不同偏好的用户提供了更多选择，也使得自媒体生态变得更加完善。

自媒体内容越发多样，这意味着自媒体行业的繁荣发展，也体现出用户的需求不断发生改变，人们不再满足于单一的、静止的、相对乏味的图文内容，需要一种更为直观、更为丰富、更有冲击力的动态画面，丰富多彩的视频和直播效果能够给用户带来更强的沉浸式体验。

1.2.5 传播性

自媒体内容的传播具有强大的穿透力，一篇文章、一条视频经过无数用户的层层转发，就可以在一夜之间获得10万+，100万+，甚至1000万+的点击量。

由此可见，自媒体的传播力度有多么强悍，它不受限于时间和空间，像一根细针一样击穿不同圈层，在无限的空间内进行扩散，最终产生惊人的传播效果，这是传统媒体不可比肩的优势之一。

正因如此，自媒体变成个体创业、企业品牌宣传和造势的最佳渠道。他们使出了浑身解数，希望能够在自媒体领域占据一席之地，以最低的成本获得最有效的传播效果，打造深入人心的品牌文化。

通过以上介绍，相信大家对自媒体有了更深入、更全面的了解。只有掌握自媒体的概念和特点，才能做出更符合市场规律的优质内容、获得更大的回报。

1.3 纸媒和自媒体的区别

纸媒和自媒体的区别大部分人隐隐约约知道一些，但又说不出个所以然，无法清晰地区分二者。很多新手在运营自媒体的过程中摸不着门道，习惯用纸媒的思路去经营自媒体，这必然无法取得理想的效果，以至最终只能黯然退出。

纸媒和自媒体是两个时代的产物，它们的本质必然有所区别，用老方式驾驭不了新事物，我们应该怀抱着"空杯"的心态去了解自媒体。

纸媒与自媒体相比，具有5个较明显的区别（见图1-3）。

图 1-3　纸媒与自媒体的区别

1.3.1　纸媒与自媒体的准入门槛不同

纸媒的语言、文字偏向严肃，发表权掌握在媒体手中，普通人很难在这种环境下获得创作的舞台，释放才华。

自媒体更"接地气"，准入门槛也更低，不需要拥有绚丽的文笔，不需要写非常学术的内容，不需要具备文人墨客的身份，更不需要迎合创办方的口味。只要内容契合粉丝的某种需求，能够为粉丝提供价值，就可以发布。在互联网的影响下，人人可以发声，普通人也能通过努力获得回报，成为自媒体明星。

纸媒和自媒体的第一个区别：纸媒对于普通人来说有一定的门槛；自媒体则是零门槛。

1.3.2　纸媒与自媒体内容的精细化程度不同

在纸媒时代，创作者终究是少数，创作的决定权属于作者，在内容方面比较单一，大而全的内容往往缺乏特色和亮点。

现在的市场是属于用户的，互联网的开放性决定了用户有更多的选择、有更好的发言权，在信息爆炸的情况下，如果内容不能很好地吸引用户，那么再独特的言论，再华丽的辞藻也只能"自嗨"。自媒体人必须对内容进行精细化设计，以聚焦的定位实现单点突破，针对某个细分领域打造独到的见解和观点,树立专业化的形象。

纸媒和自媒体的第二个区别:纸媒属于粗放型内容;自媒体注重精细化创作。

1.3.3 纸媒与自媒体的交互性不同

纸媒时代,创作者对读者来说就是一个偶像般的存在,读者除了仰望,很难与作者面对面地交流,更难建立起一种像知己好友般的情谊。即便读者付出很多时间和经济上的成本,也仅仅是跑到作者的签售会,和心中的偶像见上一面,说几句话、合个影,之后便不会再产生太多的交集。

在自媒体时代,一切都发生了翻天覆地的变化,互联网打破了人与人之间建立关系的藩篱,哪怕你足不出户,也可以通过社交媒体了解到创作者的生活动态,可以随时给喜欢的作者点赞、评论和打赏,可以通过社交平台和他们进行一对一交流,加入创作者的粉丝群,像老朋友一样与作者进行多维度的深层沟通,甚至彼此之间经常见面、想要进行线下合作都很方便。这种紧密的互动性,给作者与读者之间营造了更亲近的心理距离,大家就像朋友一样,可以感受到彼此的生活日常和喜怒哀乐,双方甚至还能互相圈粉,互相打气,变成闺中密友。

纸媒和自媒体的第三个区别:纸媒在社交上比较受限;自媒体则为人们的交流与联系提供了更好的条件,创作者和读者之间有了更强的交互性。

1.3.4 纸媒与自媒体的展示形式不同

传统纸媒的内容主要以图文的形式为主,给读者的体验是比较单一的。

自媒体基于互联网产生了丰富多彩的内容生态,文字、图片、音频和视频都可以交替展示,除了静态的文字,还可以看到色彩鲜艳的图片,可以听到创作者的声音,可以感受到创作者的表情和肢体动作,从视觉、听觉和感觉等多层次提升了用户的体验,全方位满足了用户的感官需求,给他们带来了更强的感知和体验。

纸媒和自媒体的第四个区别:纸媒的内容形式单一;自媒体的展示形式更加丰富多样。

1.3.5 纸媒与自媒体的传播力不同

过去我们订阅一本杂志,主要用于个人阅读和收藏,或者与身边的亲朋好友互相传阅,总体来说传播范围非常局限。这种封闭的传播方式限制了内容的影响力，创作者想要通过纸媒获得名气极其困难，因此纸媒时代真正能出名的作者少之又少，大部分创作者就像流星一样在文学的世界里转瞬即逝。

如今的自媒体时代，这种封闭的传播方式被彻底打破，用户看到一篇认为不错的文章，随手就可以把链接分享到一个又一个社群，可以在短期内达到不错的传播效果，把一篇新鲜出炉的文章变成刷爆朋友圈的爆款，不管文章、视频，还是音频都可以得到广泛地传播。与此同时，自媒体的分销机制也对传播起到了如虎添翼的作用，只要分享某个付费内容到朋友圈并有人购买，分享者就可以获得一定数额的佣金，这大大提升了用户传播的积极性，推动了一篇文章在短时间内的传播效果。网络社交时代，自媒体内容就像一枚社交货币，突破了社交圈层快速流通，基于二次、三次……无数次的转发和分享，无限放大了内容的影响力，一夜之间就可以让作者变成自媒体红人。

纸媒和自媒体的第五个区别：纸媒的传播范围比较局限；自媒体内容的传播范围更为广泛，传播效率更高效，影响力更强大。

1.4 自媒体的发展与流行

在互联网浪潮的加持下，自媒体变成了手机用户获取资讯的主要渠道，人们不再迷恋电视和广播，转而沉浸在各类视频和直播里，娱乐消遣的同时，还能及时捕捉到社会热点和国际新闻。通过自媒体获取信息已经变得非常简单，一旦有什么热点新闻，基本一夜之间就会传遍整个网络。

在自媒体时代，普罗大众都能从中找到存在感和参与感。另外，自媒体的种种优势，足以让它变成一种便利而快速的赚钱方式，不管是宝妈、上班族还是创业者，都希望在这个行业谋求发展。毕竟抓住了自媒体这片蓝海，就可以搭上财富积累的快车。

1.4.1 自媒体的发展历程

自媒体的发展历程经历了4个阶段(见图1-4)。

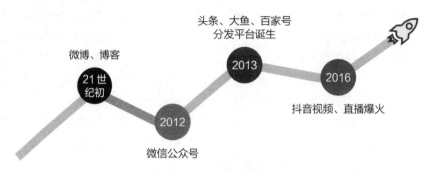

图 1-4 自媒体的发展历程

21世纪，自媒体以微博和博客的方式出现，那时候从事自媒体行业的人并不多，通常是互联网专家或者一些文艺青年，而看客也都普遍具有一定的知识水平。当时而言，自媒体的文章只为表达这个观点，只是一个小众爱好，商业气息并不浓重。

2012年，公众号诞生，作为微信的一款重磅内容工具，吸引了无数企业和个人开通账号，据不完全统计，公众号注册用户已经超过 800 万个。公众号的诞生，象征着自媒体进入了内容变现的红利时代。

2013年开始，百家号、大鱼号、头条号等智能分发平台相继诞生，第一批用户获得了流量红利，坚持下来的人如今早已成为各平台的重要人物，都在进行系统的变现和商业布局，如开课、出书、打造矩阵和成立公司等。

2016年，抖音App上线，这款产品以沉浸式视频内容为主打亮点，在短短的时间内，用户就突破了6亿，直播间功能更是带火了一大批网红，从说段子、唱歌、跳舞发展到各领域的专家入驻，抖音的内容载体不断进行更迭，覆盖着更全面的内容品类。

1.4.2 自媒体流行的要素

以前的自媒体仅限于饭后消遣，属于小众爱好，如今的自媒体却变成了一个新兴行业，且达到了发展的高峰期，给用户带来了新鲜好玩的内容，提供了一种全新的娱乐方式，同时也为有才华的人提供了一个巨大的舞台。

为什么自媒体能够如此火爆呢？

答案离不开这3点——天时、地利、人和，三者缺一不可(见图1-5)。

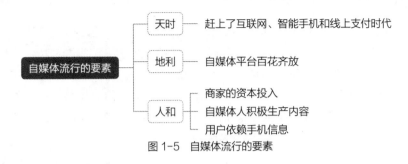

图 1-5　自媒体流行的要素

1. 天时

10年前，智能手机尚未普及，互联网和线上支付也没有现在这么发达。在那个时代，自媒体的发展前景还是未知数。随着时间的推移和科技的进步，智能手机几乎是人手一部，互联网也走进了千家万户。

自媒体的出现，正好赶上了合适的时间节点，依托自媒体提供的海量内容和信息，我们足不出户就能阅遍天下事，看遍千万景，自媒体的便利和快捷，使得越来越多的用户依赖手机互联网，而手机互联网的普及也让自媒体的发展更加快速，两者起到了相辅相成、互相促进的作用。因此，手机和互联网的普及，算是为自媒体的发展提供了最佳时机。

2. 地利

一个新事物就像一颗小小的种子，要想在短时间内快速生根发芽，长成为参天大树，自然少不了一片肥沃的土地，而自媒体平台便是培育内容变现的最佳环境。

如今，自媒体平台的内容可谓百花齐放：图文为主的平台有公众号、今日头条、知乎、小红书、百家号、趣头条、一点号、搜狐号、企鹅号和简书等；以视频为主的平台有抖音、快手、B站和微信视频号等。这些平台有足够的包容度和开放度，无论是职场、社会、生活、科技和情感都能找到专属的频道，并提供了大量的免费课程，更有各种变现功能支持自媒体人获得回报。平台与创作者之间是一种互惠互利的合作关系，良好的合作也为吸引大量的用户进入提供了前提条件。

简而言之，自媒体平台、自媒体人、用户共同构成了内容生态，三者之间的良性循环，使得自媒体以火箭的速度不断发展。

3. 人和

自媒体在改变着人们的生活方式，而人们也在推动着自媒体的发展，两者之间的作用是互相促进的。

从商家的角度来说，过去很多投资方都是在电视上投放广告，但如今电视受到了冷落，加上过去那种硬邦邦的推广方式让人们出现了抵触情绪，已经达不到理想的效果。自媒体则很好地嫁接了宣传效果，头部和腰部自媒体达人变成了宣传产品的主力军，也是商家进行合作的首选对象。资本的涌入，商家的大范围投入，使得自媒体变得更有"钱景"。在这一因素的驱动下，势必有更多人愿意投身自媒体，内容多了，选择多了，自然也会吸引更多用户订阅自媒体，这些使得自媒体行业变得高度繁荣。

从用户的角度来说，以前习惯通过看电视、看电影和听广播打发时间，现如今，手机才是新宠，有数据调查研究结果表明：我国的网民规模已经突破9亿人，而且每年都在增长。回想一下，每天醒来，你做的第一件事是不是拿起手机？睡前最后一件事，是不是躺在床上玩手机？手机已经变成我们最好的朋友，从自媒体获取信息已经变成我们戒不掉的习惯。甚至对于一部分用户来说，看公众号、刷抖音、听音频，就是一天当中最放松的时刻，可以带来极度舒适的精神按摩，是最享受的快乐时光。

综上所述，自媒体的蓬勃发展离不开天时、地利、人和，少了哪样都不可能有今天的规模。想要在自媒体行业获得长足的发展，就必须站在一定的高度俯瞰时代趋势，把握行业发展的脉搏。

1.5 自媒体的认知误区

虽然如今的自媒体已深入人们生活的各个方面，但依然有很多人对自媒体抱有各种误解与偏见，这些思维定式往往会限制自媒体人的发展。

对于自媒体的误区，每个人都或多或少有过。总结一下，认知误区大致包含如下6个（见图1-6）。

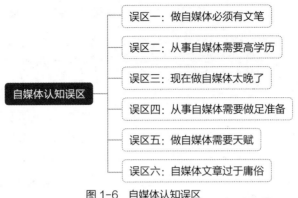

图 1-6　自媒体认知误区

1.5.1　误区 1：做自媒体必须有好文笔

做自媒体必须有华丽的文笔，这个误区让很多新手不敢迈出第一步。其实，这是在自我设限，自媒体偏向短、平、快的文章，并非长篇小说，完全不需要太多细腻的描写和华丽的辞藻。通俗易懂、深入浅出的文章更容易受到大众的喜欢，如果内容太过华丽，语言太过优美，不一定对读者胃口。好的内容应该是，哪怕是老奶奶和小学生都能看懂。

为了能让读者看懂，我们应该把功夫放在自媒体观点的打造和呈现上，而非妙笔生花的文笔。观点就好像一个人的内在，文笔就好像一种包装和修饰，内在不过关，外在再好看也不会长久，有好的文笔是锦上添花，没有也无伤大雅。

1.5.2　误区 2：从事自媒体需要高学历

"初中毕业可以写作吗？"

"在学校读书成绩不太好，可以写作吗？"

你是不是也经常这样自我怀疑？可是高学历就代表适合写作吗？非也。两者之间并没有必然的联系，要知道，诺贝尔文学奖获得者莫言是小学学历，童话大王郑渊洁只读到小学四年级就辍学了，但是他们通过自己不断地学习和努力，最终都在文坛上获得了瞩目的成绩，学历并没有成为他们前进路上的阻碍。如果他们认为自己没有高学历就不配写作，也就不会成为受人景仰的作家。

自媒体作为一种新事物，和纸媒有很大的区别，就算高学历，有积累，可是没有加以练习依然做不出成绩。我们应该把关注点放在实现目标上面，激发自身的无限潜能，最重要的是打造优势，避免短处。全民写作时代，人人都可以拿起笔为自己发声，想一万次不如实实在在写一次。

1.5.3 误区3：现在做自媒体已经太晚了

两年前笔者开始正式运营自媒体，当时的市场趋于饱和，公众号众多，身边都是一片唱衰自媒体的声音："公众号已经赚不到钱了""公众号不行了""公众号打开率越来越低了"。但笔者没有理会这些声音，只顾着一头扎进去，最后在公众号、今日头条、知乎和小红书全面开花，不到两年就积累了20万粉丝，虽然比不上视频领域的体量，但对于笔者来说这些都是无与伦比的收获和意义，也证明笔者当初的坚持是正确的。

想进入自媒体行业，什么时候都不晚，只要你认准目标、找对方法，并且踏踏实实地努力做下去，就一定能够看到回报。什么时候开始不重要，重要的是你开始了吗？

1.5.4 误区4：做自媒体需要做足准备

经常有新手问：想做自媒体需要准备什么？

很多人迟迟不开始，就是想要找到一个"准备好了"的时刻。总认为自己需要多积累一点再来写作，认为自己需要更好的设备再来拍视频，需要……总之，什么都需要，就是不需要开始。坦白说，这样的人应该不在少数，但是这么想的人，往往永远找不到那个"准备好了"的时机，最终的结果就是让梦想不了了之。

自媒体没有想象得那么复杂，只要有一部手机就可以开始，写作和阅读也没有冲突，一边输入、一边输出才能产生更好的学习效果，它们之间是一个整体，不应该分割开来，当你在输出的过程中渐渐掏空了自己，才有足够的动力去阅读，而输入多了，自然就会提升输出效果，以此构建一个良性循环。

1.5.5 误区5：做自媒体需要天赋

很多人总把别人的成功归结于天赋，似乎有了天赋，人们就可以战无不胜。看到某个人通过写作而出名，就会说还不是因为他有天赋，看到某个人通过在知识付费平台讲解课程取得可观的收入，就说他天生口才好。然而，有谁敢说天赋是决定成功的一切条件呢？光有天赋，没有努力、没有坚持，就能成功吗？

有句话说得好，努力才是最好的天赋，不管有没有与生俱来的优势，都需要付出努力才能取得成功。我们看到的，年纪轻轻就拿了写作大奖，文章上了无数杂志和报纸的天才作者，无一例外都是通过后天的努力修炼出来的。在获得成功之前，他们饱读诗书，日日笔耕不辍，才打下了扎实的基础。

作家余华一生被退稿无数次，后来退稿多了，快递连门都不敲了，直接从外面把稿子扔进来。多年后，余华写了一部小说《活着》，一举成名，这本书畅销千万册，把余华的文学成就推到了无以复加的高度。从作家余华的写作经历来看，他称不上一个有天赋的写作者，但是他并没有因此就否定自己，反而付出更多的努力坚持写作，没有厚积薄发的努力，就没有天道酬勤的结果。连文学大师都必须经历潜心修炼才能获得成功，更何况是普通人。

天赋决定了起点，努力决定了终点，没有天赋愿意努力的人，照样可以成功。

1.5.6 误区6：自媒体文章过于庸俗

尽管自媒体已经变成了大多数人获取信息和知识的渠道，但依然有一些文学爱好者认为自媒体的文章无法与传统主流文学作品相比，认为自媒体作者不配称为作家，他们看不起、看不到、看不懂自媒体的价值。

时代变了，我们的思维也要跟着改变，写作的价值在于启发他人，给他人带来有价值的思考和正能量，认为自媒体文章过于庸俗的，其实是陷入了非此即彼的黑白思维。自媒体在文学与商业之间开拓了一个巨大的空白地带，它既可以兼具文学价值，也可以紧扣市场，将二者完美融合在一起，以一种朴实，读者更容易接受的方式传递思想，给读者带去积极的影响。

与其墨守成规，抱着固化的思维对抗时代的发展趋势，不如放下传统经验，拥抱新事物，思考如何结合自媒体平台，将自身的文学积淀展现出来，成就自己的同时，也帮助了别人。

以上这6种误区，每个人或多或少都有过，放下偏见，你会发现，自媒体确实是时代给予普通人的最好机会，它让无数普通人实现了人生的变道超车，让无数写作者过上体面而有尊严的生活。

1.6 哪些群体适合做自媒体

自媒体已经变成了一种新趋势，公司创业者通过自媒体可以提升品牌影响力，职场人士做自媒体可以提升职场安全感，宝妈做自媒体可以增加职场竞争力，学生做自媒体可以早日实现经济独立。毫不夸张地说，任何一个群体，都可以从事自媒体工作。

也许在不久的将来，自媒体是每个人必须了解的行业，只要你有找客户的需求，有赚钱的需求，有打造个人品牌的需求，就必须结合互联网来达到目的，而自媒体行业是互联网项目中，成本最低、回报率最高的选择。

本节详细讲解不同群体从事自媒体工作有哪些优势，可得到哪些好处，不同的身份角色怎么开启自媒体事业。

1.6.1 宝妈群体

笔者曾收到很多宝妈的咨询信息，她们想要开启写作副业，却因为在家带娃久了，和社会脱节，心态变得极度不自信，认为自己肯定做不好自媒体这份工作，每天把时间浪费在情绪的消耗上，迟迟没有开始副业之路。即便开始了，也很容易因为不自信的心态，遇到一点困难就轻易放弃。

其实，宝妈们完全不需要因为自己的身份而自卑。恰恰相反，宝妈也有自己不可替代的优势与竞争力。

1. 宝妈从事自媒体的优势

第1点，宝妈有弹性的自由时间，可以做副业。
第2点，宝妈有明显的身份特征，更容易吸引相同的群体。
第3点，宝妈有丰富的家庭生活和育儿经验，更容易成为育儿或者情感领域的专家。
第4点，有了孩子后，宝妈更有赚钱的动力，遇到问题不会轻易放弃或退缩。

2. 宝妈从事自媒体的 4 个好处

第1点，拥有稳定的副业收入，有利于巩固家庭地位，获得家庭中更大的话语权。
第2点，可以开启女性事业的第二春，获得职业转型的机会。

第3点,成为孩子的榜样,树立积极上进的励志形象。

第4点,丰富生活,找到同频的圈子,从精神上富养自己。

3. 宝妈如何做自媒体

(1) 高效利用晨起时间。

宝妈每天的生活都特别繁忙,又要带娃、又要干家务,还要打理各种家庭关系,要挤出时间做副业确实不易。但只要好好规划,就可以找到做副业的时间——每天早起30分钟或者一小时。

早晨的时间被誉为黄金时间,早晨起来精神是最好的,这时候手机也不会有太多信息进来,更没有家人来打扰,可以全身心沉浸到写作当中。

每天早起一小时,坚持一年,就等于为自己定投了365个小时,把这段时间当成对自己的投资,为未来的自己修炼一项硬本事。

(2) 梳理自己的创作优势。

很多宝妈苦恼的问题就是想做自媒体,却发现自己毫无优势。事实上,育儿和婚姻情感就是宝妈们擅长且熟悉的领域,素材直接从生活中获取,可以说是省心省力的创作方向了。从这两个方面切入,输出专业的内容匹配精准客户,打造细分领域的精确标签,往往能够获得理想的效果。

(3) 保持工作和家庭的平衡。

对于宝妈来说,要做好绝对的平衡是不可能的,只能分出不同的时间段,在不同的维度上做出的倾斜。比如,可以把晚上的睡前时间划分为亲子时间,全心全意陪伴孩子,不要思考写作问题,不要玩手机。

等孩子睡了,就是属于自己一个人的写作时光,可以关上房门享受安静时光,请求家人不要轻易打扰,如果家人能够帮忙分担一部分家务则再好不过。具体的划分方式因人而异,可以结合自己的家庭情况做出合理安排。

成功的事业背后,少不了家人的支持和默默付出,而家庭的幸福也离不开工作的相辅相成,二者不应该对立。当家庭和工作失去平衡的时候,自媒体发展势必受到影响,因此应该做好时间规划,在两者之间找到最佳的平衡点以达到和谐。

(4) 换上正装,打造舒适的工作环境。

为了方便照顾宝宝,很多宝妈在家都会穿着睡衣,工作地点也比较随意。虽然这样让人感觉比较舒适,但是如果希望能够更快投入到工作当中,就必须把工作的仪式感提上日程。

换上正装，穿戴整齐，划出一个工作区域，在桌子上放上时钟、盆栽、水杯和纸笔，只要踏进这个空间，大脑就会接收到工作信号，这样更容易提升专注力，提高工作效率。

1.6.2 上班族群体

很多上班族认为自媒体和自身没有关系，觉得那是专职自媒体人才需要做的事情，自己好好上班就行了！但随着社会的发展，自媒体效应已经扩展到各个领域。

一个从事人力资源管理的人做自媒体，将职场经验分享出去，可以增加个人品牌的曝光，提升自己的副业收入。一个老师从事自媒体工作，可以通过线上平台，把自己的知识分享出去，在帮助更多人获得知识的同时赚得可观的收入，并提升个人影响力。一个配音师从事自媒体工作，可以教别人怎么练好声音，还能与更多资源合作，提升职场竞争力。

1. 上班族从事自媒体的优势

第1点，有丰富的职场和社会生活经验，有大量的现成素材可以提炼。

第2点，有稳定的收入来源，创作心态比较平和，有利于成为一个长期创作者。

第3点，有规律的生活作息，能保障身心健康，这是写作的前提。

第4点，从副业开始进行摸索，降低试错成本。

2. 上班族从事自媒体的好处

第1点，打造多渠道收入，提升抗风险能力。

第2点，打造个人品牌，让更多客户看到你、信任你并与你合作。

第3点，让自身的才华可视化，更容易得到领导的赏识和提拔。

第4点，发现更多的人生可能性，获得新的机遇。

3. 上班族如何做自媒体

(1) 善于利用碎片时间。

工作与副业两手抓，这是上班族的理想状态，但实践起来有一定的难度，最明显的一点就是时间不够用，每天晚上下班到家已经七八点了，忙完各种杂事，已经到了睡觉休息的时间，哪里还能挤出时间来搞副业呢？

关于这点，笔者给出的建议是，尽可能把一天的碎片时间充分利用，比如上班的通勤时间，吃饭等人的时间，中午的休息时间，都是开展副业的黄金时间，千万不要浪费掉了，哪怕每天挤出15分钟的碎片时间收集素材，思考选题内容，时间长了，也能做出不少事情，成长速度也会加快。

(2) 先把主业干好，再去考虑副业。

搞副业的前提，是你的主业做得足够好，如果主业都没做好，却一心想要搞副业，那是不可能的事情。能够靠副业变现的人，基本都能在主业上有一定成果，也正因为他们的主业做得比较出色，才有时间和资源运营副业。

(3) 把副业当成复业，而非备胎计划。

副业不等于备胎计划，很多人在主业有了保障的情况下，即便开展副业也是以玩的心态，今天心情不好就不做，明天状态不在线也不做，这样的态度对待副业，就更不可能在遇到困难时努力克服，自然得不到想要的结果。

开展副业之前，必须端正自己的心态，认识到副业对于职业生涯所具备的重要意义。副业可以保障我们在职场发展不顺利时仍有退路；可以增加我们在财务上的抗风险能力；可以扩大我们的能力圈，和主业相互助力，构建高维度的能力护城河。也就是说，副业是上班族的第二事业，不是备胎计划。职业化的态度，是副业取得成功的关键要素。

(4) 副业最好契合个人优势。

一份副业是否适合我们，能不能持续干下去，一个重要的标准就是考虑我们是否擅长。不断去做我们擅长的事情，可以加强我们的长板竞争力，保证我们在能力优势区做事。之所以强调这一点，是因为很多人在选择副业上比较随心所欲，盲目跳出擅长区，用业余能力去挑战别人的优势，这样不仅容易受挫，还可能浪费时间走很多弯路，到头来竹篮打水一场空。

这里必须提醒大家的是，千万不要把平台的能力误认为是自己的优势，很多人在公司干得不错，于是在业余时间投资了同样的项目作为副业，却以失败告终。为什么脱离了平台就毫无优势呢？真相是，平台给了我们资源和帮助，想要快速成长并不难，做出一点成绩也不足为奇。因此，判断优势的依据不是在平台内做成多少事，而是要判断自己在离开这个平台后能做多少事，这两者有本质的区别。

如果你在一件事上容易获得强烈的满足感与成就感，稍微努力就能比大多数人做得好，那就是你的优势所在。只要聚焦在这个方向持续努力，很快就能收获繁花似锦的成果。

1.6.3 学生群体

很多做自媒体成功的人都是90后甚至00后，"后浪"们虽然年纪不大，但是非常有想法，没有选择在大学时代挥霍时光，而是努力提升技能，在自媒体时代走出了一条康庄大道，轻而易举地实现了财务自由。

1. 学生从事自媒体的优势

学生群体加入自媒体行业具备非常显著的优势，主要包含以下4点。

第1点，时间充足。
第2点，学习能力强。
第3点，没有家庭负担，试错成本低。
第4点，容易接受新事物，网感强。

2. 学生从事自媒体的好处

第1点，趁早打造一份光鲜的个人履历，毕业后更容易找到合适的工作。
第2点，积累大量的粉丝，不管是创业还是当成副业，都可以获取多渠道收入。
第3点，充实课余生活，在自媒体创业中提升思维能力和眼界，为未来做好长远的投资。
第4点，在自媒体实践中，更容易摸清自身的优劣势，从而选择适合的职业方向。

3. 学生如何做自媒体

(1) 结合校园生活做定位。

在自媒体平台，经常看到很多大学生会分享如何找到与专业对口的工作，如何增加社会实践为就业打基础，是合群重要还是修炼自身比较重要等。

对于学生群体来说，最熟悉的莫过于丰富多彩的校园生活，如何处理和室友的关系、怎么利用校园活动认识更多人脉，怎么复习才能取得好成绩，毕业前掌握哪些技能更有利于找工作等。这些经历就是很好的内容创作素材，只要加以利用和设计，就可以分享给有需要的群体，快速引起这个群体的共鸣，从而吸引大批年纪相仿的粉丝。

(2) 把自我提升放在首位。

学生时代是最无忧无虑的年纪，这时不要过分追求金钱，如果把赚钱的目的凌驾于个人成长之上，容易迷失自我，功利心过重也会让人变得心浮气躁，不容易静下心来踏实做事。因此，学生在进入自媒体行业时，要先想办法提升自我。

(3) 劳逸结合。

从事自媒体工作没有想象得那般轻松，从文字编写、图片设计、排版编辑、脚本撰写、视频录制到后期的剪辑处理，这些工作量不容小觑，更别说学生还有考试和功课要完成。

学生可以把忙碌的工作安排在没有功课的周末或者寒暑假，工作之余要找到合适的减压方法，比如晚饭后做20分钟运动，或者每个周末约上朋友去爬山旅行，放空自己，释放压力，劳逸结合才能让自媒体之路走得更加长远。

(4) 善于利用学校的资源。

要做好自媒体需要强大的知识储备和技能积累，但是很多学生都没有很好的资源，如果想从事自媒体工作，应该如何准备呢？其实，我们完全可以利用学校的资源完善自我。

自媒体人林英聪在大学时代收获了人生中的第一部相机，非摄影专业的他为了提升拍照水平，大学三年都在学校的图书馆学习，几乎把摄影类书籍看了个遍，并利用业余时间给校友拍摄毕业照和艺术照。他的名气渐渐在学校传开了，越来越多人找他拍照，就这样他通过自学摄影赚到了人生的第一桶金，去了30多个国家和城市旅行，并在旅途中不断提升摄影水平，拍出来的作品越来越棒。他把摄影作品以图文的方式发布在简书、公众号和小红书上，收获了几十万粉丝。毕业后，他的工作发展更是一日千里，于是他决定全职从事自媒体工作。不久后，林英聪的校友也加入了他的团队，两个人一起把自媒体事业做得有声有色，非常受粉丝欢迎，商务合作更是如雪花般纷至沓来。

机会是留给有准备的人的，我们也可以像林英聪一样，在学校找到学习资源，找到施展才华的舞台，收获事业起步的第一桶金，在同学中寻找合伙人，这些都是为自媒体副业打下基础的重要准备工作。

(5) 参加各种活动。

大学是人生中最美妙的一段时光，没有家庭负担，没有经济压力，没有错综复杂的人际关系，有充分的自由去体验生命，活出像万花筒一样精彩的学生时代。

认识新的朋友，去陌生的城市旅行，去山区支教帮助更多人，去邂逅未知的精彩，这样才不辜负美好的青春岁月，才不辜负诗酒年华，这段别样的人生体验，是学生走进社会之前最宝贵的一笔精神财富。这些体验也会成为自媒体创作的有力支撑，各种各样的社会体验会为你打开一个全新的世界，扩大你的视野，提升你的格局，锻炼你的能力，磨炼你的心态，高密度、高强度的社会经历可以锻造一个自媒体人必备的良好素养。

1.6.4 创业群体

笔者有位学员是一名创业者，公司业务是家庭除甲醛项目，他每天都忙得脚不沾地，不是穿梭在各个小区为客户服务，就是承接银行及政府机构的业务，总之生意很是火爆。可就在几年前，他的生意却并不怎么好，那时候他和许多传统行业的老板一样，都是以摆地摊、贴广告的形式为公司做宣传，费了不少力气，但效果平平。好在，90后的他思维很活跃，在许多同行还在走传统路子时，他却懂得用自媒体为公司引流，在网上开了知乎和头条号发布行业知识，经过笔者的指导和自身的努力，爆款文章频出，咨询的客户络绎不绝，一举放大了公司的知名度，找他做生意的人越来越多。

如今，越来越多的创业者开始搭载互联网宣传公司业务，省心省钱的同时，也没什么风险。这种一对多的宣传方式，为创业者省下了一大笔推广费用，对于打造公司的品牌也起到了如虎添翼的作用。

1. 创业者从事自媒体的优势

第1点，有足够的时间做自媒体运营。

第2点，可以构建线上线下一体化运营体系。

第3点，可以借助互联网红利把个体势能发挥到极致。

第4点，经营的压力会激励创业者战胜困难与挑战。

2. 创业者从事自媒体的好处

第1点，可以全方位锻炼自己的综合能力。

第2点，可以利用互联网的趋势加速自身成长。

第3点，可以整合资源，梳理自己的发展方向。

第4点，可以升级社交圈层，提高思维层次和人生格局。

第5点，低成本获客，自媒体创业是稳赚不赔的投资。

3. 创业者如何做自媒体

(1) 打造最小化可行产品，小步迭代。

笔者的一个朋友非常看好自媒体视频的前景，通过7个月的试水，副业为他带来了6位数的收入。没多久他选择辞职创业，之后他招了8名员工，买了十几部手机、注册了十几个视频号，还在广州租了一个月租7000多元的办公场地，结果不到半年，他的公司就倒闭了。原本打算大刀阔斧地干一场，没想到收入却一路下滑，他想不通问题出在哪里，一群人创业不是应该比一个人做得更好吗？笔者与他进行了分析，发现公司业务都是他自己招揽的，员工只是听话照做，并未创造任何利润。

一家公司要盈利，需要转化，需要订单，如果全靠老板自己拉业务，却要养活这么多员工，承担各种人工和场地费用，明显是不现实的。如果他一开始先租一块比较小的办公区域，先招一两个搭档合作，当收入提升后再扩大规模，或许不会失败。只可惜他操之过急，被一时的成功冲昏头脑，没有仔细研究过这样的商业模式是否走得通就盲目扩张。

像这样的例子不在少数，很多人刚创业就喜欢投入很多钱，希望店面越大越好，派头越足越好，可结果并没有自己想的日进斗金，反倒亏损很多。想要控制好风险，可以选择小步迭代的方式，想好了一个方案、一个点子，可以先投入较小的成本进行试错，获得成功后再扩大业务。

(2) 构建线上线下一体化运营体系。

近些年，实体经济逐渐走下坡路，高成本、低利润更是压得创业者喘不过气，然而还是有很多人在线上赚钱后投资线下实体，因为实体经济有着线上经济不可代替的优势，它可以为我们提供与合作伙伴、粉丝或者意向客户见面的重要场地，增加彼此之间的深入了解，同时也可以促进用户的沉淀留存，增加信任背书，提升合作转化率。

作家李菁年少成名，20多岁就相继出版了好几本畅销书，在自媒体行业也有很大的影响力，后来她在湖南老家开了一家民宿，将自己的创业故事发表在公众号上，很快获得无数人的转发分享，她的民宿也因此一炮走红，吸引了很多游客慕名而来。旺季的时候，民宿一房难求，但是淡季的时候，收入只能与支出持平，这个时候李菁又可以通过自媒体获得其他收入。

这种线上线下相结合的创业模式，已经成为创业者的不二之选，一方面自媒体可以为线下实体进行导流，提升人气；另一方面线下实体也可以进行线上用户的留存和转化，加强人与人之间的沟通，拉近彼此的距离。这种组合运营可以提升创业企业的抗风险能力，也让自媒体人体验了更加精彩有趣的职业生涯。

线上线下没有高低之分，在某种程度上还可以达到互相平衡，相得益彰的商业效果。

(3) 学会寻求他人帮助，打造自媒体团队。

创业初期，为了节约成本，事事亲力亲为是常有的事情。到了业务上升期，收入会大幅度提升，这时候时间才是个人最重要的资产，要比金钱更为稀缺。自媒体人可以把一部分工作外包出去，减少自己的负担，腾出手做更为重要的事情。

一般来说，有三类事情比较适合外包，第一种是不擅长也不是特别重要的事情，比如讲课用到的PPT图片，可以请人设计；第二种是经常要做，但不得不做的重复性工作，比如编辑排版工作；第三种是可复制、可迁移的方法论，比如运营平台的方法，可以教给员工让他们负责运营账号。

聪明的创业者要懂得适当放手，踏出自己的舒适区去构建人脉圈，去做重要但从未做过的事情。判断一个商业模式是否成功的标准，就是你的公司离开了你，是不是能够照常运转，如果答案是否定的，那么说明企业很难做大。

(4) 做好客户档案记录，加强人脉管理。

客户是一家公司的命脉，没有客户，一家企业、一个团队就很难生存下去。既然客户对企业的发展有着决定性意义，那么做好客户管理工作就非常重要。

从事自媒体工作以来，笔者习惯给每个购买课程、付费咨询的客户做好登记，在微信备注客户的工作、城市、名字，对最近的动态做出详细记录(见表1-1)。虽然这些工作看上去琐碎无聊，但对人脉管理有着至关重要的意义。如果能够对客户的情况了如指掌，客户会感受到我们的用心和真诚，从而让客户从情感上支持我们，建立起生意之外的朋友关系，产生更强的客户黏度。

表1-1 客户档案记录表

客户	职业	工作城市	近期状态	认识方式	最近一次联系
张某	企业老板	广州	新公司上市	商业活动认识	去年见过一次
林某	花艺创业者	深圳	辞职转为自由职业	花艺活动认识	上个月见过
陈某	IT主管	深圳	刚升职	通过读者推荐认识	前几天刚聊过

可以根据上述表格填写客户信息，通过梳理和盘点以对客户的情况更加清楚，需要合作时也能够快速找到。当然，除了在表格里记录分析客户的情况，最好还能把客户的基本情况记在心里。

1.7 运营自媒体需要的能力

有人说，运营自媒体就像开一家公司，一个人活成一支队伍。这句话一点都不夸张，做内容看似容易，其中的门道却非常多，能够做好自媒体这份工作的，一定是一个身怀多种技能或能力的多面手。

本节介绍运营自媒体需要具备的7种重要能力(见图1-7),供大家参考。

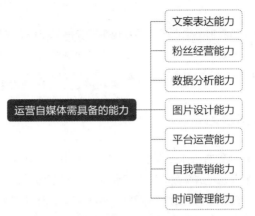

图 1-7　运营自媒体需具备的能力

1.7.1　文案表达能力

文案表达能力是每个自媒体人必须具备的重要技能,小到与客户对接业务,大到撰写文章,给视频内容配文,表达和沟通渗透在工作的方方面面。一个文案能力出众的人,不管做什么都能做到先声夺人,成功引起别人的注意,更容易在自媒体时代获得忠实粉丝。

1.7.2　粉丝经营能力

自媒体的底层逻辑是粉丝经济,不懂得维护和获取粉丝,并与粉丝建立深入关系的自媒体人,很难构建自己的流量池,获得较大的经济回报。因此,学习如何涨粉、如何留存、如何转化、如何成交,是一个自媒体人的必备素养。

1.7.3　数据分析能力

大数据时代,通过数据分析打造爆款是自媒体人的破圈秘术;提升对数据的敏感度,洞悉数据背后呈现的规律和奥秘,是一个自媒体新手向高手快速升级的必经之路。

1.7.4　图片设计能力

现代人越来越浮躁,单调冗长的文字很容易让读者失去耐心,适当配上美观的图片可以大大提升内容的吸引力。文章配图、封面图、课程宣传海报、个人简介和朋友圈背景图无一例外都需要精心设计，因此具备图片设计能力的自媒体人，其内容的吸引力和传播力也会超越其他同行。

自媒体对图片设计的要求不是很高，随着技术的发展和成熟，很多图片网站也都提供了大量精美模板，只要修改文字和二维码，就可以快速制作出一张精致好看的图片。比较好用的图片网站有"创客贴"和"稿定设计"等。

1.7.5 平台运营能力

每个平台都有一套运营方法和变现模式，如怎么排版布局更容易受到读者的青睐，每天什么时间发布内容更容易打造爆款，这个平台适合什么类型的文章，有什么样的变现方式等，这些问题自媒体人都应该了解清楚。不懂平台特性的自媒体人，注定会走很多弯路。

当自媒体人吃透一个平台的运营规则后，可以迁移到其他平台，或许平台之间的调性和风格有所差别，但运营的底层逻辑和原理方法都是大同小异的。只有全面掌握各平台的运营方式，自媒体人才能在几个平台之间切换自如，游刃有余地兼顾多平台运营。

1.7.6 自我营销能力

在一片沙滩中，扔进一粒沙子，很难被人发现；但如果扔下一颗珍珠，却很容易被人认出。因为沙子是暗淡的，而珍珠是闪亮的，没人能够忽视它的光芒。

懂得自我营销的人，就如同一颗闪亮的珍珠，走到哪里都能够被人看到，被人发现。而不懂自我营销的人，走到哪里都很容易被忽视、被边缘化，很难把个人品牌彻底打响。

"酒香也怕巷子深"，这个时代写作者一抓一大把，如果只会默默无闻地埋头苦干，是很难被别人看到的。只有那些懂得包装自己、营销自己，给自己打造一块发光招牌的人，才能整合行业资源，利用杠杆效应放大自身影响力。

1.7.7 时间管理能力

时间管理能力是很多人容易忽略的点，在完成一篇稿子之前，往往需要做大量的准备工作，如定选题、找素材、写大纲等，然后开始打造内容。此外，还有编辑、运营和推广工作，这些事情都是非常烦琐的，因此学会安排自己的时间非常重要。

随着工作的熟练，对时间敏感度的提升，自媒体人慢慢地会找到适合自己的工作节奏，对时间的掌控能力也会提升。后续将会具体讲解从事自媒体工作如何做好时间管理。

第 2 章

定位探索
快速入门自媒体

想做自媒体,却不知如何选择自己的创作定位,你是否也遇到过这样的问题?在自媒体这场长跑中,如果定位错了,无论你怎么努力都很难抵达要去的终点。因此,选择一个适合自己的领域,是做好自媒体的关键一步。

本章主要介绍自媒体的定位方向怎么选择,以及如何在众多的待选定位中,找到最适合自己的一个。

2.1 自媒体定位的误区

明确定位以后,前行的方向就会清晰无比。不过,对于新手来说,最困难的也是定位这一关。很多人刚接触自媒体行业,完全找不到自己的定位,或者做了定位,依然有各种各样的问题,导致工作停滞不前。

自媒体人想要找到一个清晰明确的定位,一定要避开下面5个定位的误区(见图2-1)。

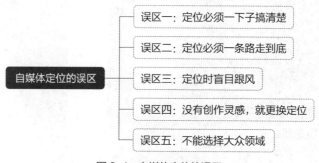

图 2-1 自媒体定位的误区

2.1.1 误区1:定位必须一下子搞清楚

很多人在写作初期找不到定位,就会直接放弃。殊不知,每个人的定位都是慢慢摸索出来的,并非一蹴而就。

没有人能够告诉自媒体人应该走哪条路,我们应该去尝试、去实践、去探索,走得多了,就会慢慢探出一条路来。笔者一开始也不知道自己适合写什么,于是通过投稿和简书写作的方式,尝试了鸡汤文、干货文和情感文,最终确定自己的写作方向为职场干货。如果你不知道自己应该做什么,就先去做,做得多了,自然就知道自己做什么比较顺手。

2.1.2 误区2:定位必须一条路走到底

有些人选好了一个定位,中途却发现自己不适合做这个领域,或这个领域比较难变现,但是却因为前期的努力而不愿放弃,不懂得及时止损,反而坚持一条路走到底,这种做法并不明智。

经济学上的"机会成本"理论指出，如果坚持一件事，就意味着失去做另一件事的机会，当你意识到这个领域不适合自己的时候，就应该果断放弃，重新开始，不要为过去的沉没成本浪费现在的时间。

此外，如果自媒体人在某个领域已经深耕多年，能够创造的价值却为数不多，也拓展不出更多话题了，这时候也可以考虑重新选择定位。

2.1.3　误区3：定位时盲目跟风

盲目跟风是很多人会走入的一个定位误区，即看到别人做什么，就跟风选什么，完全不考虑这个领域适不适合自己，其他人为什么要选择这个领域，这个领域是怎么赚钱的。草率的开始，往往意味着潦草的结束，盲目选择领域的人，很容易落得镜花水月一场空。因此，在选择定位的时候，考虑自身的优势和兴趣更为重要。

2.1.4　误区4：没有创作灵感就更换定位

很多自媒体创作者，在选择一个定位后，写着写着，忽然发现写不下去了，没有灵感了，这是每个写作者都会遇到的瓶颈，只是有些人写了3篇就出现这个问题，有些人积累深厚，写了30篇才遇到而已。

觉得写不下去的时候，不能因为遇到问题就立马考虑更换领域，因为无论转换到什么领域都会出现类似的问题。我们应该做的是学习和积累，扩充自己的知识面。

2.1.5　误区5：不能选择大众领域

经常听到有人问："这个领域有很多人写了，我现在才开始写还来得及吗？还能赚钱吗？"言外之意就是必须找到一个空白领域才能赚钱！

但事实上，每个领域都有一大批人在做，就拿职场领域来说，做的人也非常多。然而，看起来很多的竞争对手，大部分人都是三天打鱼两天晒网，还有一小部分人确实很用心在做，但没有找到正确的方法，导致一两年都没做出什么成绩，这就是每个领域中知名创作者都不多的原因。因此，竞争对手太多这种担忧纯属多余，只要你去做了，并坚持下去，相信一定会有收获。

在选择定位的问题上，应该优先考虑的是自身的情况，而不是把目光投向别人。别人做得不好，不代表你不行，别人做得好，也不代表适合你。一切问题都需要从自身出发，发现自己的能力优势区，专注一个领域做一个小而美的个人IP，每个人都有脱颖而出的机会。

2.2 探索自媒体定位

关于定位的选择，很多朋友总是很茫然，似乎选择哪个定位都行，又似乎都不行，身边又没有专家可以给出建议，那到底怎么做呢？

针对这个问题，其他人只能提供一些参考意见，最终拿主意的还是自己。

本节梳理了4个维度，用于探索自媒体的定位方法，按照这些方法去实践，相信自媒体从业者一定能够找到自身的优势定位。

2.2.1 从技能优势找到定位

你可能是一位制作PPT的高手，擅长绘制精美图片；你可能是一位淘宝运营专家，对淘宝运营方法了然于心；你可能是一位手绘达人，绘制的作品客户总是爱不释手。你的这些技能可以为公司的客户带来价值，可以为你的老板赢得利润，那为什么不能作为自媒体定位，为你的用户群体解决问题呢？

一个公司的财务，可以通过互联网分享财务知识，从而吸引大量的精准客户，并通过提供知识服务来打造第二职业。一个摄影师，白天可以是店里的员工，晚上也可以化身为自媒体摄影达人，分享对用户有价值的摄影知识。从技能优势来选择自媒体定位有两大好处，一是从工作中提取经验和案例，为副业赋能；二是精进技能，促进主业发展。比如，一个摄影师在互联网上火了，一定会有更好的平台愿意为他提供更好的工作。

能够尽早发现自己的优势是一件很幸福的事情，可以少走许多弯路，但是对大多数人而言，他们并没有太多机会去试错与体验，以至于迟迟找不到自己的定位方向。

"心理学"提出了一个"冰山模型"理论，指的是个体的素质可以分为表面的冰山(水面以上部分)和深藏的冰山(水面以下部分)。基本技能和基本知识都是比较容易觉察的外在部分，而社会形象、隐藏潜能、内在动机则属于冰山以下的深藏部分。换句话说，不了解自己的优势是一件很普遍的事情，不要因此就否定自己，你并非没有优势，而是你的潜能尚未被激活。下面我们就一起来探索你的优势(见图2-2)。

第 2 章 定位探索：快速入门自媒体

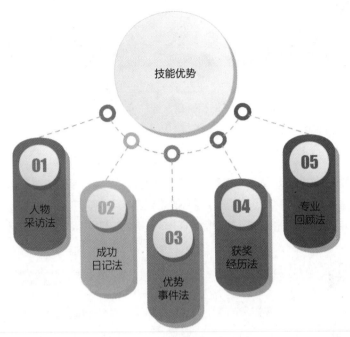

图 2-2 从技能优势找定位

1. 人物采访法

我们可以约见几个亲朋好友，对他们进行采访，了解他们对你的评价。例如，在他们眼中的你到底什么方面比较擅长？你和别人最大的区别在哪里？有什么事情是他们会第一个找你帮忙的？注意，在采访的过程中，我们找的采访对象越多越好，可以是你的朋友、你的校友、你的上级、你的同事、你的亲戚，这样收集的信息会更丰富，更有价值。

2. 成功日记法

成功日记法是每天记录三到五件你认为做得好，或者体验比较好的事情。记录的时间长了，你就会发现自己在某个方面有着特别的优势。笔者身边有个朋友经常写日记复盘，在记录的过程中，她发现自己做事特别高效，在时间管理方面有突出的优势，后续她把高效时间管理达人作为自己的定位和标签，经常在网上分享自己的时间管理方法，不到两年，她已经是这方面小有名气的专家了。

3. 优势事件法

每个人都有与生俱来的特定天赋，有的人天生有一副好嗓音，有的人数字天赋特别明显，有的人第一次下厨就做得有模有样。可以回想一下，你有什么事，是别人付出了7分力气才能做好，而你花费3分力气就能轻松胜任的。那些你天生就做得比别人好的事情，往往就是你的天赋所在，遵循天赋去学习和发展，更容易让自己获得成功。

4. 获奖经历法

如果你觉得现在的自己很平庸，先不要感到灰心，你只是把那个发光的自己暂时弄丢了，只需要花点时间就能重新找回来。

认真回想一下，在过去的岁月中，你有没有拿过一些奖项，或许你曾经是一名特别优秀的活动主持人，或许曾经你的英语讲得特别棒，或许你曾经写得一手漂亮的书法字。这些都称得上是一门技能，过去成就你的，现在照样可以照亮你。

5. 专业回顾法

在读大学时，我们都选了一个或者多个专业，有人学了英语专业，有人选了金融专业，有人读了摄影专业，不管专业是不是你喜欢的，毕竟在学校学习了这么多年，底子还是有的，从学生时期学习的专业技能出发并继续精进，也是比较容易出成绩的自媒体定位方法。

2.2.2 从兴趣找到定位

兴趣是最好的老师，把感兴趣的事物作为自媒体定位的好处是：首先，你平时的关注点都在这里，掌握的有效信息比较多，不需要额外花费时间进行学习；其次，做自己感兴趣的事情，在遇到困难时才能继续保持劲头，不容易放弃，不畏挑战。下面分享3个方法，有助于你了解自己的兴趣点(见图2-3)。

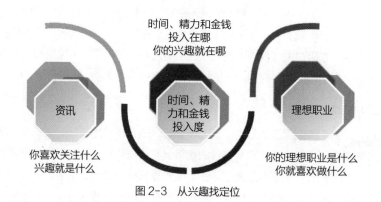

图2-3 从兴趣找定位

1. 从关注的资讯发现兴趣

你平时比较关注哪方面的资讯？你可以留意自己的抖音足迹和关注的公众号都在收看什么资讯，从而找到自己感兴趣的内容。笔者的一个学员是历史迷，只要与历史有关的东西，他都能研究得津津有味，他喜欢读历史书，喜欢看历史剧，喜欢听历史评说，还喜欢历史人物，他写起历史文章来更是废寝忘食，于是他理所当然变成了一位历史领域的优质作者，文章也多次被评选优质图文的"青云计划"项目选中。

一个人喜欢关注什么，就说明他热爱什么，如果我们能够从关注点着手，就不难发现自身的爱好了。

2. 从时间、精力和金钱投入度发现兴趣

一个人的时间、精力和钱花在哪里，他的兴趣就在哪里！比如一个旅行爱好者，他会花费很多时间和金钱在旅行上面；一个摄影发烧友，他会花费时间去学习摄影相关的知识，花钱购买器材；一个阅读爱好者会经常待在图书馆，也舍得花钱购买书籍。你平时喜欢为哪些事物投资时间、精力和金钱呢？相信此时你的心中已经有了答案，那不妨就以这些事物为基础进行自媒体的定位。

3. 从理想职业发现兴趣

曾经在网上看到一道题目，如果不考虑现实因素，你希望从事什么行业？有人希望成为一名图书管理员，这样就可以每天都和书籍打交道；有人渴望成为一名摄影师，用镜头去记录生活的美好；有人希望成为一名文字工作者，用笔尖去记录人生。

你向往的职业，通常就是你的兴趣所在，但可能由于现实的限制，你无法选择这样的工作。幸运的是，互联网时代，我们可以通过自媒体副业从事自己感兴趣的行业，在探索中精进、在精进中成长、在成长中变现，梦想总是要有的，万一实现了呢？

2.2.3　从大众领域找到定位

不是所有擅长和感兴趣的事情都适合作为自媒体定位，有些注定很难作为自媒体的发展方向，比如钓鱼和星象之类。那是不是代表我们别无选择了？不，我们还可以从大众领域找到定位。大众领域就是关注度比较大、受众群体比较多的热门领域。根据笔者的经验，下面5个是比较热门的适合自媒体定位的大众领域（见图2-4）。

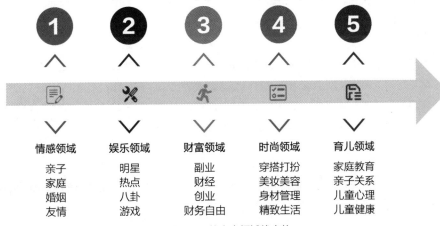

图 2-4　从大众领域找定位

1. 情感领域

情感领域包括爱情、婚姻、人际关系等，情感领域无论在哪个自媒体平台都可以获得比较大的关注量。人是情感动物，无论什么年纪、什么性别、什么地位，都需要社会关系提供的情感支持，特别是处在三四线城市的人，生活压力相对较小，娱乐选择不多，关注点更是集中在情感需求方面。

2. 娱乐领域

娱乐八卦一直是一个流量聚集口，哪里有娱乐八卦，哪里就有话题，明星参演电视、明星穿着、明星互相关注、明星参加真人秀节目，这些话题都是人们茶余饭后的谈资，因为名人、明星本身自带影响力，一举一动都能牵动大众的神经。

3. 财富领域

在这个经济高速发展的时代，人们对财富的积累越来越重视。学生需要努力赚钱来实现经济独立；职场新人需要努力赚钱提升生活质量，并投资自我成长；中年人有养家的压力，上有老，小有小，中间还背负着车贷房贷，更是不敢放松；老年人也有赚钱充实生活，安享晚年的需求。打开自媒体，各种月入过万、实现财务自由、副业赚钱、年入百万这类字眼异常吸睛，话题的热度更是与日攀升。总之，只要与财富有关的话题，总能第一时间引起大家的关注。

4. 时尚领域

有人说，抓住女性市场就等于抓住"钱脉"，这话不无道理。女性更加注重生活品质，因此女性的生意更好做一些。此外，在女性力量崛起的今天，女性赚钱的能力越来越强，她们追求精致的生活品质，投资自我更是毫不手软。因此，穿衣打扮、美容护肤、时尚精致的生活态度是女性普遍比较关注的话题。

5. 育儿领域

现代家长非常注重教育，都铆足了劲培养孩子，为了成为一名合格的家长，他们非常愿意学习育儿知识，希望从新手爸妈变成教育专家，教导出德、智、体、美全面发展的优秀宝宝。教育观念的转变，使得育儿类自媒体账号变成了名副其实的热门领域，不管是教育产品还是教育讲座，家长都十分关注，并且乐意支付一定的学习费用。

2.2.4 从创新领域找到定位

找到一个创新的领域,是很多自媒体人的理想,认为只要是空白市场,就没有竞争对手,更容易获得大众的关注与认可。但其实空白领域也不是那么简单的:首先,你会发现任何领域,基本都有人涉足过;其次,开拓空白市场,意味着未知之旅,我们不知道这个领域到底有没有市场需求,能否解决用户的问题,成功的概率也许只有一半。

不过,除去上述未知因素,如果我们能够找到一个创新领域,并且通过实践证明该领域能够得到用户的认可,那么就很容易成为这个领域的头部账号,占领势能高地。如果你愿去冒险尝试,探索未知,这里为你提供3个思路(见图2-5)。

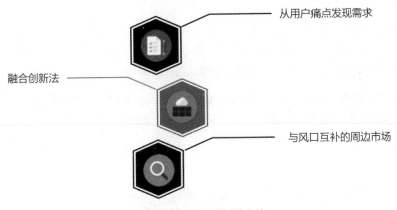

图 2-5 从创新领域找定位

1. 从用户痛点发现需求

根据心理学的"蔡戈尼效应"可以得出,人对于未被解决和未完成的事情总是念念不忘,用户的需求痛点往往就是创造空白市场的最佳切口。

在成立樊登读书会之前,樊登发现身边很多人想要读书却没有时间,于是他成立了读书会,通过音频把一本书读薄,让用户在碎片时间也能学到知识。现在读书会的会员已经遍布全国各地,成为独占鳌头的读书App,这个商业计划也为樊登带来了巨大的财富价值。

千万不要想当然去创造一个领域,而是要洞察用户需求,结合市场反馈量身定做出个性化方案和产品,从而解决某类用户的痛点需求,占据大片市场。

2. 融合创新法

如今自媒体的内容类型已包含了方方面面，如果我们的形式没有创新，只是千篇一律地模仿别人，那么很难被人记住。因此，自媒体应融合创新的方法，让读者产生耳目一新之感。在头条平台有这样一位自媒体作者，她的内容领域是分享职场干货，但形式却是以一页纸的方式把内容分享出来，以此与其他同类创作者产生差异化。

类似的案例还有很多，比如以手绘的方式分享时间管理干货，以漫画的方式分享爱情故事，通过两个领域的完美融合，反而产生了别具匠心的效果，这样更容易和别人区分开，形成独树一帜的鲜明风格，在同质化的内容中独占鳌头。

3. 与风口互补的周边市场

现代社会，只要有什么风口起来了，马上就有人扎堆赶上，做的人多了，平均到每个人手里的钱就少了。我们可以抛弃传统思维，反其道而行之，永远做与风口互补的事情，这样可以避开激烈的竞争，又能借助风口起势，积累到创业的第一桶金。

做自媒体也是如此，当人人都去做某方面的内容时，如果我们只是一味跟风，也是很难"出圈"的。这时候我们应该另辟蹊径，利用发散思维寻找互补市场。

不过需要提醒的是，空白市场虽好，但也有风险，一定要在有足够的了解和规划下再进入。如果没有七成以上的把握，最好还是选择同行涉及的已知领域，至少可以对标别人的方法和路径，快速切入属于自己的赛道，用最快的速度突围而出。

2.3 自媒体精准定位

通过前面的介绍，相信很多读者已经锁定了自己的写作方向，可能有些人的备选项仅有一个，但也有很多人有好几个待选项。面对众多的选择，不少朋友会陷入纠结而迟迟无法开始。那么，如何选择才能做出最好的决策呢？

在进行自媒体的精准定位时，理智的选择应该考虑内外因素（见图2-6），内因指的是契合你的热情和天赋，外因指的是市场需求。是否容易变现、变现渠道多不多、受众群体大不大，把这些问题弄明白了，做出的选择才能长久坚持下去。

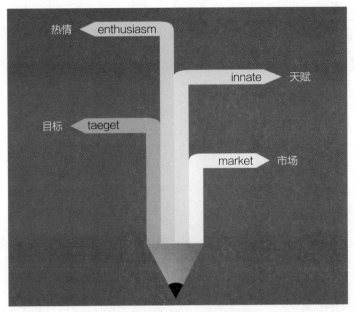

图 2-6 选择应考虑的内外因素

这里重点说一下,怎么了解市场需求:第一,通过荔枝微课、知乎话题和喜马拉雅等平台中的相关专题,了解想要做的内容领域的热度,在当当网观察这方面的书籍销量怎么样,爆款书多不多;第二,打造最小可行化产品,从阅读数据来看话题的热门程度;第三,付费咨询以了解某领域的市场情况,受众是什么群体,什么平台比较适合,有哪些变现方式等。

以笔者为例,入门自媒体是从投稿开始的,写过四五种风格的文章,准备运营公众号时也很纠结到底写什么,职场文、鸡汤文和情感文都能驾驭,而且经过测试效果都还不错,当时也特别纠结选择什么领域。最终笔者通过定位选择打分表得到最优解(见表2-1)。

表 2-1 定位选择打分表

定位	职场	情感	鸡汤
热情(包括内在动机、兴趣度)	6	5	4
天赋(包括优势、特长、能力、积累)	6	5	5
目标关联(包括变现方式、现有产品、目标客户)	6	5	5
市场需求(包括但不仅限于有多少愿意付费的客户)	8	9	7
合计	26	24	21
排序	1	2	3

当然了，并非所有定位都能满足这4个因素，但只要有其中一种因素，加上有市场需求，我们就可以尝试一下。比如你感兴趣的加有市场需求的，你擅长的加有市场需求的，目标关联的加有市场需求的，这些组合方式都没有问题。

现在请你坐下来，通过上面介绍的方法写下你的定位选项，并打磨你的第一个作品投入市场，正式开启你的自媒体之旅。

第 3 章

平台运营
搭建自媒体平台矩阵

明确定位之后，下一步我们就要选择适合自己发展的平台。那么目前自媒体的主流平台有哪些？如何选择适合自己发展的平台？

本章将带读者们了解不同平台的运营与变现方法，以及如何打造平台矩阵。

3.1 自媒体平台矩阵运营的那些事儿

随着自媒体的发展，单一的平台布局很难满足发展需求，平台打造已经走向了矩阵化趋势。很多知名自媒体基本都是多平台运营，目前比较热门的平台包括头条号、抖音号、微博和公众号等。

3.1.1 平台矩阵运营的好处

平台矩阵运营指的是在不同的时间阶段，对自媒体平台进行不同程度的运营，最终达到多平台运营与变现的目的。在自媒体行业发展初期，很多账号都是以公众号运营为主，到了后期，为了将收入最大化，同时降低风险，很多账号纷纷展开了平台矩阵化的运营方法，如有书、樊登读书、卡娃微卡等大号，基本都是同时在公众号、头条号、百家号、抖音号和小红书等多平台上展开运营活动。对于自媒体运营者来说，多平台矩阵发展有很多好处，主要体现在以下6点。

1. 平台矩阵运营有利于打造全网影响力

单平台发展虽然省心省力，但从长远来看，影响力无法和全网矩阵运营相比，比如你在A平台可能是"大咖"，但到了B平台就可能只是一个"素人"，没几个人认识你。因此，自媒体运营者应尽量在多平台发展，平台矩阵化运营可以加倍扩大自媒体的影响力，提高知名度，以拥有更多忠实粉丝。

2. 平台矩阵运营有利于粉丝增长

笔者此前曾在简书和公众号写作，一开始，粉丝增长的速度比较快，但几个月后发展就遇到了瓶颈，成长速度变得非常缓慢。为了突破这一关卡，笔者到今日头条、知乎和小红书同步进行创作，粉丝很快从5万人增长到20万人。全网矩阵发展可以提升我们的成长速度，如果自媒体运营者觉得做了几个月发展还是很慢，不妨考虑把内容同步到多个平台。

3. 平台矩阵运营能够赢得多重收入

自媒体在每个平台上的收入都是有上限的，而多平台运营发展却能够带来无限的收入。举个例子，把一篇文章发到单个平台，收入只有一份，但是把内容同步到多个平台，就可以取得多重收入。

4. 平台矩阵运营可以降低账号风险

运营自媒体账号也存在隐性风险，如果因内容违规了，很可能被禁言，情节严重可能会被封号。这时如果只经营一个平台，封号将是致命打击，这意味着你的付出、你的收入、你的粉丝全部归零了，又得重新开始！为了防患于未然，同时运营几个平台是最好的应对之策，这样我们的自媒体之路便可走得平顺一些、安稳一些。

5. 平台矩阵运营更容易获得隐性资源

每个平台都聚集着庞大的用户群，也存在着不同的机会，自媒体在不同的平台持续曝光自己，从一定程度上来说，可以匹配到更多资源，获取更多机会。从2018年开始，笔者陆陆续续收到了十多家知名出版社的出书邀请，这些机会主要来源简书、知乎和头条多个平台。可见，多平台发展有助于放大个体的势能，增强个体的曝光。如果当初笔者只在一个平台发布内容，或许就没办法得到这么多机会。

6. 平台矩阵运营更有利于保护作品版权

原创内容的输出并不容易，尤其是长期输出，这导致一部分人做起了文字搬运工，把他人发在A平台的原创内容，偷偷搬运到B平台，遇到这种事情原创者一定是生气又无奈。因此，我们要提升版权保护意识，把内容同步到多个平台，时间最好不要超过24小时，以免被"有心人"钻空子。

3.1.2 平台矩阵运营的注意点

通过前面的讲解，大家已经知道了全网多平台运营的必要性和积极意义，不过还是会有人提出种种问题："我没有那么多精力和时间多平台发展，时间上怎么分配呢？""多平台发展的话，内容还算不算我的原创呢？""我也想多平台发展，但我不知道具体怎么操作啊！"

笔者经营自媒体至今已有2年，运营了公众号、头条、知乎、小红书和抖音，每个平台都能带来不错的变现收益，也因此成了一个腰部垂直IP。关于多平台运营，笔者总结了4个注意点，希望可以帮助大家快速获得突破与发展。

1. 一文多发要更换标题和封面

很多人习惯把内容直接复制粘贴到其他平台，虽然操作方便，但这样获得的数据通常不会太好。平台有智能抓取的功能，从信息库做数据比对，发现内容和其他平台的文章相似度太高，其推荐的力度就会降低，且内容也容易被误判成搬运。因此，我们在发布内容前，一定要更换标题和封面图，以更好地契合平台风格，获得更多推荐量。

2. 一文多发要注重时间同步

一文多发要注重时效性，如果这篇文章首发在A平台，过了很多天才同步到其他平台，可能就会被误判为抄袭或搬运。随着各平台技术的发展，以后对内容的管控只会越来越严格，因此自媒体运营者对此一定要引起重视。笔者的一位朋友就曾吃过一次亏，当时他在公众号发布了原创内容后，过了好几天才同步到另一个平台，刚发出没多久，就收到平台通知——原创权限被永久收回。为此他难过了许久，毕竟当初也是辛辛苦苦才拿到原创权限的，没想到因为一次小小的失误就失去了，真是一个惨痛的教训！

此外，注重时效性还有一个重要的原因，即如果发布的时间晚了，一旦热点时效过去了，容易被平台系统判断为发布旧闻，导致账号被扣分。

不管是上述哪一种，对账号的影响都是非常大的。自媒体运营人员要谨记，任何时候都要把内容同步发表。即便无法做到，那么在各平台的发布时间间隔也最好不要超过24小时。

3. 一文多发要学会聚焦突破

一文多发并不意味着把时间和精力平均分配，而是先聚焦一个平台发力，熬过了积累期获得快速发展时，再把经验和影响力迁移到另一个平台。以笔者为例，当初是先集中精力把头条做成一个认证的优质账号，多次入选青云榜单和月度优质账号榜单，当一切都走上正轨后，才腾出时间和精力转战知乎。而当我把这几个平台经营好之后，又收到了百家号和趣头条的入驻邀请，得到了流量扶持。

为什么要单点突破，而不是分散精力同时运营几个平台呢？

一个平台做成后，更容易提升信心去做其他的平台。

一个平台做成后，更容易吸引其他平台伸出橄榄枝。

一个平台做成后，有利于把经验和影响力迁移到其他平台。

一个平台做成后，有稳定的收入，可支撑我们度过在其他平台的新手期。

宁可把一个平台做到90分，突出我们的长板后再去赋能其他平台，不要贪多求快，要以稳健的方法逐步实现多平台运营。

4. 先做加法再做减法

多平台矩阵运营，并不是运营的平台越多越好，毕竟每个人的时间和精力有限。另外，不是每个平台都适合我们发展，运营者只需找到与自身内容适合、风格一致的少数平台重点运营即可。一开始，我们可以把内容发布到不同的平台，如公众号、头条号、百家号、趣头条、知乎、小红书和抖音等，通过一段时间的测试，筛选出值得重点运营的主要平台，再选择一两个辅助平台，其他收效甚微的平台则可舍弃。

以笔者自己选择的平台为例，由于我的写作定位是职场方面的内容，经过测试，比较适合的平台主要有公众号、头条号、知乎和小红书，相对适合的平台有抖音和百家号。至于其他平台笔者则暂时舍弃了，并不是那些平台不好，而是它们的风格与我的定位不够契合。

值得注意的是，不同的内容适合不同的平台，不可一概而论，要经过亲身测试才能得出结论。例如，职场类和情感类的内容适合的平台就不可能相同，因为它吸引的人群是不同的，每个平台聚集的群体都有区别。此外，测试的结果最好以新手期过后的结果为准，因为新手期之前的流量都非常低，以这个结果定结论失之偏颇，有的人只是发布了两三篇内容，数据不是很好，就觉得这个平台不适合自己，这样的做法也不够客观。任何结果都是需要多样本调试的，因此自媒体人需仔细评判才是上上之策。

3.1.3 平台矩阵运营的时间管理

小文是一位非常有才华的90后，她在头条写作半年就实现了月收入过万的目标，这些回报让她尝到了甜头，因此她更加卖力写作了。可事与愿违，尽管付出了多倍的努力，但她的收入反而降低了，甚至还没有过去的一半。出现这样的问题，一方面是由于她缺乏和粉丝互动，粉丝黏度下降了，另一方面是平台内容的同质化日趋严重，这个时候她意识到需要往多平台运营的方向转型，增加自己的收入多样性才能抵抗各种不确定性。不过令人头痛的是，小文是一个上班族，又是一个三岁孩子的妈妈，她平时的生活非常忙碌，压榨所有娱乐时间在一个平台上打造内容勉强可行，但是多个平台运营就显得力不从心了。

小文急需学习高效又简单的时间管理方法，但到底要怎么做，才能做好时间和精力的分配，在多个平台的运营工作中做到轻松高效呢？下面分享7个时间管理方法，快速提升你的工作效率。

1. 重视碎片时间的利用

苏联科学家亚历山大•亚历山德罗维奇•柳比歇夫用短短50年的时间，在数学、哲学、昆虫学和文学领域都做出了巨大的贡献。他不仅在工作上获得无数成绩，还有非常多的时间来娱乐、体验生活和陪伴家人。为什么他能够活出高效率的人生？秘诀就在于他充分利用了碎片时间。散步的时间，他用来研究昆虫；出门旅行，他抓住时间学习外语；通勤的路上，他徜徉在书籍里打发无聊的时间。

有研究显示，每个人每天的碎片化时间长达4~5个小时，如果把这些时间充分利用，怎么会没有时间做你想做的事情呢？你可以把吃饭、刷牙、做家务的时间用来思考写作主题，在通勤路上完成文章排版和搜集素材等零散工作。在这个快节奏的时代，想要找到完整的时间并不容易，把握碎片时间才是制胜之道。

2. 善用番茄工作法提升效率

番茄工作法被称为高效简单的时间管理法则，它到底有什么神奇之处呢？

番茄工作法具有6个优势：第一，它不需要复杂的管理工具，有一部手机就可以轻松实现；第二，门槛低，任务难度小，10分钟便可以开始；第三，遵循循序渐进法则，更利于养成良好的习惯；第四，灵活度高，根据具体需求进行合理规划；第五，轻松锻炼专注力，获得"心流"效应；第六，帮助我们更好地掌控工作节奏，达到劳逸结合的效果。

看完上述方法你是否跃跃欲试，想应用它提升效率呢？接下来我们就来讲解具体的操作方式。

我们将一段时间设置为一个"番茄钟"。例如，把25分钟的工作任务设为一个番茄钟，时间到了就休息5分钟，接着进入下一个25分钟的番茄钟，再休息5分钟，完成4个番茄钟就多休息一会儿(见图3-1)。

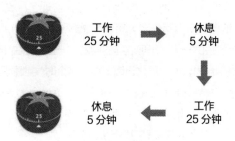

图 3-1　番茄工作法示例

可以根据实际情况设置番茄钟的时长，如果你平时注意力难以集中，可以从15分钟的番茄钟开始；如果你专注力还不错，直接从25分钟的番茄钟开始即可，适应一段时间之后，专注力有所提升，再把番茄钟的时间逐步延长。另外，在使用番茄钟的过程中，不要分神，如果被其他事情打断了，便重新开始，这样才能有效地锻炼专注力。

3. 学会设置定时发送

许多平台都设置了定时发送功能，我们可以利用该功能合理安排自己的工作计划。比如你明天需要发布一篇文章，正好撞上了公务出差或者旅行的档期，但又不想带着电脑出门，这时候就可以利用定时发送的功能提前安排好工作，这样既不会耽误出行计划，也不影响自媒体工作的进展。

4. 优先处理重要事件，减少不重要事件

我们可以做的事情非常多，但并不代表每件事都有价值，也不代表每件事都必须亲力亲为。我们应该对工作任务进行优先级排序，按照重要但不紧急，重要又紧急，紧急但不重要，不重要又不紧急的顺序进行排列，找出对我们最重要的事情，并分配出足够的时间和精力来完成它们。那些不重要的事情能不做则不做，如果不得已要做也可以交给别人去做，你的时间花在哪里，你的收获就在哪里。保证我们的时间聚焦在重要的事情上面，才能优化时间价值，避免资源浪费。

5. 合并处理同类事务

以拍摄视频为例，很多短视频只有几分钟甚至几十秒，看起来制作应该很简单。但实际制作视频的朋友都知道，背后的准备工作非常多，需要化妆，换上不同的服装，并找好适合的场地进行拍摄。这些工作复杂又烦琐，每拍一个视频都要不断重复这些准备工作。如果能够将多个视频所用的服装、场地和妆容统统准备好，一次性拍完所有素材，那将省去很多重复的工作。

写文章也是如此，一些重复的、相似的工作可以安排到一个时间段合并处理，比如同步文章，我们可以找个时间专门处理这件事，绝对比一次同步一篇文章来得省事。

6. 梳理工作模板

即便是自媒体这种创意型工作，也少不了重复性事务。比如在每次发布文章前都要排版，如果我们把排版样式梳理成一个模板，每次只要复制粘贴就可以快速完成，这要比每一次都重新设计更节省时间。同样的，做成一些事情后，我们可以把方法总结成一套模板，下次碰到同样的工作，只需按照固定的步骤执行，做事的效率会大大提升。

工作模板还有利于我们指导他人完成工作，只需要把模板发给对方就能完成对接，节省沟通成本，极大程度地提升了工作效率。

7. 给时间做加法

给时间做加法的精髓在于，我们可以在一段时间内同时安排两件事。

每个人每天的时间都只有24小时，但如果我们有给时间做加法的思维，便可以把时间运用出双倍的价值。比如，你要约见两位重要的朋友，如果他们不介意的话，就可以安排大家一起见面，高效交流的同时，还能把这两位好友介绍给彼此认识。生活中这样高效利用时间的方法还有很多，如在做家务时，我们可以同时听学习音频，家务、学习两不误。

给时间做加法的思维适合运用到常规事务的处理当中，也就是不需要深度思考的场合。如果你要阅读一本书，或是写一篇文章，最好不要同时给自己安排其他事情，深度思考型工作需要聚精会神才能获得比较好的效果。

3.2 自媒体平台运营方法：公众号

虽然自媒体平台层出不穷，但公众号却始终占据着首屈一指的位置，原因是人们使用微信的频次要远远高于其他软件，而公众号作为微信旗下的平台，自然更受重视。自媒体人如何才能运营好公众号呢？本节将为你详细介绍公众号的具体运营方法。

3.2.1 公众号改版的应对

2020年4月，公众号正式改版信息流模式，微信团队的这次动作被自媒体人称为"行业大地震"。很久以前，公众号就开始小范围地进行灰度测试，而这一次，全面的改版已经是不可逆转的定局。这次改版，总体呈现了几个特点：打乱了时间顺序，如昨天的推送中夹杂着几个小时前发送的内容，不再以时间前后顺序展示；越是不经常关注公众号的用户，时间乱序就越明显，经常关注公众号内容的用户，其展示时间就越规律；电脑端的时间排序显得比较规律，而手机端的乱序比较严重。

以前的公众号是读者主动选择内容，现在却是平台推送符合读者胃口的内容。在这种智能算法之下，很多被用户淡忘的公众号也有可能被优先推荐，而用户的常读账号却可能"消失了"。面对这样的规则调整，有人欢喜有人忧，大部分账号的阅读量都会在短期出现下降趋势，从长远来看，内容有价值的公众号数据会有所回升。那么，自媒体人如何"自救"呢，下面分享9个有效方法。

1. 布局领域关键字

如果希望自己的内容被经常推送，就要契合平台的算法机制。若你的领域关键字不明显、不精确，那么平台根本不知道把你的内容推送给哪一类用户，那么自媒体账号的曝光度会减少许多。通过布局文章的领域关键字，让平台为你的文章打上准确的标签，继而推送给匹配的用户。

建议大家创作内容之前，先围绕主题写下4个大的关键字，然后写3个辅助的关键字，在文中的开头、中间和结尾反复提到，增强关键字的权重。

> **文案教学——布局关键字技巧**
>
> 笔者是职场领域的内容创作者，文章中可以布局大的关键字：职场、工作、创业。
>
> 还有一些小的关键字作为辅助：工资、同事、面试、跳槽等。
>
> 关键字就是用户可能经常去搜索的词汇，你可以把自己设想为用户，如果要看这类文章，会输入什么词来查找，基本上就可以写出好几个关键字了。
>
> 关键字越明显，定位就越精准，被平台优先推荐的可能性就大大提升了。

2. 重视社群运营

改版过后，公众号的总体阅读量都急剧下降了，粉丝黏度大幅度降低，平时经常关注公众号的粉丝，可能会收不到内容更新，一些平时不爱关注公众号的粉丝，反而会经常收到更新消息，时间长了，他们会产生厌烦情绪而取消关注。在这样"危机四伏"的情势下，如果不重视粉丝运营，公众号的粉丝会不断流失。

要避免这种情况，社群运营变成刻不容缓的工作。可以把粉丝聚集到一个社群里面集中管理，发送更新内容让粉丝阅读和点赞，这样还能增加和粉丝一对一交流的机会，有助于打造更强的信任基础，便于后期的营销变现。当我们和粉丝建立起感情之后，就不会轻易失去联系，不会因平台规则的变化出现严重的粉丝流失率。

3. 重视标题的优化

用户经常看你的文章，就算偶尔标题的精彩程度和吸引力差一些，因为熟悉和信任的缘故，用户也会一如既往去点击文章。但是，对于不了解你的用户来说，他们是没有太多耐心去慢慢品味文章的，所以标题取不好的话，很可能导致浏览量降低。因此，为文章取一个吸引人的标题非常重要。

> **文案教学——标题优化技巧**
>
> 建议多用数字化标题、悬念类标题和反差类标题来提升粉丝期待，继而提升内容的阅读量。如"写作变现的8个方法，3个月帮你实现财务自由""越爱你的男人，越喜欢和你吵架"。
>
> 这里强调一句，认真取标题不等于要做"标题党"，那种过分夸大，文不对题的标题，即便能够吸引眼球，可用户在阅读时一旦发现不对，也会直接关闭，甚至取消关注、举报账号。所以，不要为了一时的利益放弃长远的追求，在内容质量很高的情况下，加上一个有技巧的标题才能起到锦上添花的作用。

4. 引导读者关注

公众号改版后，可以预计的是中小号被推送的机会多了，但用户看到你的内容时，会不会做出进一步的关注动作,却是未知数。因此,在内容的展示页,一定要想办法引导用户关注。

可以利用关注送福利的方式,也可以用体系化的干货展现账号的高价值,给读者更强的获得感,还可以通过人设的打造,让用户被你的光环所吸引。毕竟,人都喜欢优秀的人,怎么在有限的时间里凸现你的鲜明人设,也是很多账号可以提升和优化的地方。

可以使用的运营技巧有:设置一张个性定制海报,在上面写上作者标签、成就、事件和个人作品,这样可以最大化地展示作者的价值和影响力,继而吸引粉丝持续关注(见图3-2)。

图 3-2　公众号个性海报

5. 进行多渠道的内容联动,吸引用户的注意力

不可否认,图文流量基本被视频和直播分割了,公众号的打开率一年比一年低,为了保住竞争优势,微信开始推出视频功能。想要维持公众号文章的阅读量,势必需要和视频号相互联动,把公众号文章链接植入到视频底部,这样就给公众号打通了一个长期的引流通道,而且视频号刚刚推出,越早占位,越能取得先发优势。

未来,想要做好自媒体公众号,必须联合视频平台全面占据用户的注意力,毕竟卡住两个赛道定然比单渠道发展更有优势。

6. 坚持高质量的原创内容

这两年因为公众号的阅读量下滑,且大多数作者做不到长期输出内容,所以很多公众号干脆做起了转载。

转载虽然可以，但也要注意尺度。如果你的内容全部都是转载的，那么用户关注账号的意义也不大，加之现在公众号改版信息流，同质化内容的流量会越来越少。即便账号被推送到用户面前，用户点开发现内容全部都是转载的，则压根不会有关注的兴趣。

而优质的原创号，这时候就凸显出优势了，它们不仅具备原创且独特的图文价值，而且和其他转载号形成了差异化优势。这种账号更容易得到平台的加权推荐，而粉丝也更希望看到优质的原创文章，总体来说更容易获得流量加持。

7. 不追热点，用心输出独特的见解

追热点是许多自媒体人屡试不爽的招数，以前可以凭这招获得不错的关注量，但在信息流机制的干预下，为了减少信息同质化的现象，平台一定会控制同类信息的推送，一些喜欢追逐热点的账号即将迎来寒冬。另外，由于时间乱序，很多关于热点的内容可能要几天后才出现在读者面前，那时候热度早已冷却，又或者事情出现大反转，也会影响读者的阅读体验。

一味靠热点出圈，在未来不是那么容易的事情了，反倒是具备独特观点的内容，更容易受到平台推荐，并获得粉丝的喜爱，在平台改版下迎来春天。

8. 告诉粉丝定期更新的时间

公众号改版信息流完全改变了用户的阅读习惯，以前用户最先看到的都是常读公众号，但现在一些他们陌生的公众号也可能排在前面，一些用户原本喜欢看的内容反而不被推荐。也就是说，用户的阅读路径加长了，而且账号的更新信息会变得滞后。

如此一来，公众号的阅读量肯定大受影响。因此，公众号最好保持一个固定的更新时间，比如一周三更，晚上9点发送，这样可以培养用户定期阅读的习惯，给用户一个预期，如果今天没有收到你的更新，用户可能会主动搜索，这样就可以保持一定的粉丝黏度。

9. 策划福利活动引导用户互动

前面说过，如果用户经常与账号互动，那么在他的阅读列表里，你的公众号很有可能被优先推荐，时间顺序也比较规律。因此，激活用户与账号的沟通，是我们必须要做的运营工作。

我们可以策划一些福利活动，点燃粉丝的互动热情，比如点赞留言即可获得赠书机会，经常和账号互动即可获得免费加入公众号粉丝群的名额等。在活动福利的刺激下，一些平时很少留言的用户就会活跃起来，这样既可以增强粉丝的黏度，又能保证你的公众号被优先推荐到更多用户的列表里。

平台的每次改版和调整，都会制约一部分人的收益，但也会帮助另一部分人崛起。总之，不管平台的规则如何变化，我们只要把内容做好，一切变化都不必害怕。

3.2.2 公众号账号的优化

运营一个公众号就像在线上开了一家个人小店：公众号头像如同小店的招牌，公众号名称就是小店的店名，菜单栏就像店里的导购，它向读者介绍了小店是做什么的，有什么亮点，有什么产品和服务；自动回复则像欢迎语，是读者进店后的第一印象，可以快速感知到你是否热情，在这里是否可以得到想要的服务；个人简介则是小店的广告语，可以让人了解到你店里的情况，以及与同行的差异化特色；公众号认证则相当于小店的营业执照，代表你的公众号是否有认证资质，用户是否能够放心选择。

那么，经营着这样一家线上小店，第一步要做什么呢？是对小店进行布局设计与美化修饰，让每一个进来的客户都感到赏心悦目？还是什么都不打理就直接"开张"？

相信很多人都知道稍微装扮一下可以提升公众号的形象，但是现实中会这么做的人却很少，大部分人把心思放在内容的打造上，却忽略了公众号的设计与布局，这可能使用户的体验不够满意。

试想，你关注了一个公众号，结果打开菜单栏什么也没有，关注了也没有任何回复，名字和个人简介也没有任何特点，请问你还会看它第二眼吗？而另外一个公众号不仅有个好听又好记的名字，头像也非常清晰且专业，关注后便能第一时间得到回复和互动，菜单栏也做好了内容分类，随时可以查阅感兴趣的内容。请问这两个公众号，你更愿意关注哪一个呢？你认为哪个给人的印象会更好、更专业？

做好公众号的门面包装，可以给我们的内容带来锦上添花的效果，如果内容做到了100分，门面分却是负数，再好的内容也要大打折扣。在用户眼中，公众号的形象会展现在内容之前，因此，我们应该着重优化公众号的形象包装，加上好内容，双管齐下留住用户。

1. 菜单栏设置

菜单栏犹如公众号的微名片，用户关注之后都会习惯性地点击菜单栏，了解这个公众号是做什么的，主理人有什么故事和特点等。把菜单栏优化得丰富且独具风格，有利于展示公众号的价值，帮助用户快速了解公众号。

那么公众号菜单栏如何设置呢？

首先，登录公众号后台，单击自定义菜单，设置一级菜单和二级菜单；其次，填写相关的链接和名称，单击保存并发布就可以了（见图3-3）。

值得注意的是，有几点必须在菜单栏重点体现：你是谁？你是做什么的？你和别人的差异在哪里？能提供什么价值的服务？怎么联系你？例如，笔者的公众号菜单栏突出了成长故事、联系方式和课程介绍等。

图 3-3　自定义菜单内容

2. 如何设置自动回复

自动回复可以促进账号和粉丝之间的互动，提升公众号价值，同时减少账号运营人员的工作量。设置自动回复的步骤为：登录公众号后台→选择"自动回复"选项→单击"添加回复"按钮→编辑回复内容→完成操作。

自动回复只需提取一个关键字进行全匹配，把公众号阅读量最高、反馈最好的内容和免费限时福利展示出来，展示出对用户的实用价值。以笔者的公众号为例，扫码关注在后台回复"礼物"即可领取高价值的15本经典电子书和写作变现课程（见图3-4）。

图 3-4　自动回复功能

3. 头像和昵称

公众号的头像建议用职业照、形象照、旅行艺术照或者自拍照，人物笑容亲切、形象阳光最为得体。此外，要保证像素的清晰。

至于昵称，建议采用笔名加领域的方式，夹带关键字方便用户搜索，同时体现账号的定位。比如"苏乐爱写作"，苏乐是笔者的笔名，写作是账号定位。这样的取名方式比较讨巧，读者可以一下子了解作者的名字及其写作的内容。

4. 个人简介

个人简介一栏是做好自媒体价值展示的重要位置，需要提取自身的亮点和差异化优势，让用户意识到我们能够提供的其他人给不了的价值。

以笔者的个人简介为例：

我是一名95后创业者，毕业不到2年便完成了事业的华丽转型。相比其他沉淀了多年的内容创业者，我的成长速度让很多人感到不可思议。

我曾经在科技企业做过运营管理工作，有企业带来的信任背书。

我是一名多平台认证的职场优质作者，对不同的平台都有一定的了解，在自媒体领域具备多元化的竞争力。

我有2年的自由职业经历，对于如何成为一名全职自媒体人有更深入的体会和经验。

以上这些信息提取下来，可以编写这样的个人简介：95后创业者，曾任企业运营管理人员，多平台认证职场优质作者，2年自由职业经验，专注分享职场思考和自媒体变现干货文。

这么一写，一个年轻、自媒体经验丰富的个人形象就跃然纸上了。这样就可以在用户脑海中植入一个立体而丰满的人物设定，增强用户感知度，拉近创作者和读者之间的距离，建立情感链接。

> **文案教学——个人简介模板**
>
> 笔者是苏乐，一名95年创业者，曾任企业运营管理人员，多平台认证职场优质作者，2年自由职业经验，广东省作家协会会员，专注分享职场思考和自媒体变现干货文，欢迎关注笔者。

5. 公众号认证

2020年，微信公众号开放了认证功能(见图3-5)。自媒体运营人员一定要申请认证，认证对于公众号的积极作用主要有：增加公众号的搜索权重，得到官方认证的账号更容易被用户搜到；提升公众号的权威度，用户对于认证的账号更容易产生信任感；增强创作者的内在价值感，为其坚持创作提供不竭的动力。

图 3-5　公众号认证

总结一下，公众号的形象优化可以从这几个方面入手。

第1点，认真选择名字和头像，保证好记、好认，还具备个人特点。

第2点，认真优化菜单栏，让用户看一眼就知道你是谁、你是做什么的、能提供什么产品和服务，以及怎么联系你。

第3点，设置个人简介，加强用户感知，树立个人品牌辨识度。

第4点，设置自动回复，第一时间和用户互动，还能减少重复性工作。

第5点，进行公众号认证，提升账号的权威度，减少用户的信任成本。

3.2.3　公众号涨粉妙招

一个公众号没有粉丝，就等于一个人没有灵魂。因此，粉丝增长可谓是公众号运营的终极目的。

早期，很多公众号通过技术手段来获取大量粉丝，比如关注公众号免费打印明信片、投票领取奖品等，这些活动就算你没有参与过，肯定也见过。不过这几年已经很少看到这些活动的身影了，原因是这种简单粗暴的推广方式已经让人失去了参与热情。如今公众号的粉丝增长越来越难，获客成本越来越高，一些公众号只能选择性价比高且长期有效的方式来获取精准粉丝，维持公众号的运营，甚至一些公众号因无法承担长期运营的各种成本而关闭。

那有没有一些适合新手操作，不需要资金投入，涨粉效果明显的引流方法呢？这里提供13个涨粉方法，帮助自媒体运营者快速吸引和积累粉丝。

1. 设置留言关注功能

设置留言必须关注功能，可以绑定一部分用户，提升粉丝增长量。一般来说，当用户给公众号留言和互动后，会产生比较深刻的印象，那么他长期留下的概率便会提升许多。

2. 开展转发朋友圈领取福利活动

适当给粉丝发一些福利，提升他们转发朋友圈的概率，这样也能收获一批精准粉丝。比较常见的方法是，鼓励粉丝将公众号宣传海报转发到自己的朋友圈，就可领取福利，如英语课程资料、自媒体变现大礼包、免费影视资源等。可以根据平台的定位设置对应的福利资源，这样既可以让粉丝得到礼物，又能通过老带新，提升粉丝转化。

3. 设置转发朋友圈赠送免费名额

微信公众号具有付费阅读功能，用户需通过付费才能阅读想看的文章。公众号可设置免费阅读名额，引导粉丝转发文章赠送给朋友，动员粉丝帮忙做宣传和推广，让文章起到社交货币的作用。这种粉丝与其他朋友的互动，也能带来一部分新粉（见图3-6）。

4. 微信视频号关联公众号文章

微信的视频号可以与公众号关联，开通视频号的用户可以在视频下方植入相关的公众号文章链接。这样既可以利用视频带动文章的阅读量，又能把视频粉丝引流到公众号，形成流量闭环（见图3-7）。

图3-6　赠送免费阅读名额

图3-7　视频号关联公众号

5. 朋友圈互推

运营自媒体的人员，可进行"资源互换"，即双方都在朋友圈中给自己的粉丝推荐对方的公众号，这也是一种增长粉丝的引流方式。

想借助这个方法涨粉的朋友，一定要好好设计推广文案，要在文中凸显你是谁，有什么标签，做过哪些成就事件，你的公众号是做什么的，有多少人关注了，可以给用户提供什么价值。

还有很关键的一点——设置关注福利，福利越是吸引人，转化的粉丝就越多。因此，公众号在互推之前，有必要先了解对方的粉丝群体画像，这样才能按照粉丝的爱好和需求设置有吸引力的福利。

> **文案教学——互推模板**
>
> 推荐我的好朋友——苏乐。她擅长自媒体写作变现，运营自媒体2年便引流20多万粉丝，开办了30多期一对一写作课，帮助3万多学员实现月入过万的目标。今天扫码关注苏乐的朋友，可获得价值899元的写作礼包，仅限20个名额，送完即止。备注"写作变现"即可快速通过，记得附上几张生活照和微信二维码。

6. 朋友圈转发

完成文章写作只是第一步，接下来的宣传转发才是自媒体运营人员工作的重点。文章发表完成后，一定要把它转发到朋友圈，这样才能让更多人看到你的成果。

敢于分享，是自我不断精进的开始。千万不要因为担心自己的作品不够好，就羞于转发朋友圈，这是一个很好的与朋友交流的渠道，让他们对文章提出一些反馈和建议，帮助我们不断进步，找到粉丝增长的突破口。

7. 公众号互推

公众号互推是比较常见的涨粉引流手段，一般发生在两个粉丝量和定位相近的公众号之间。公众号互推的步骤，如图3-8所示。

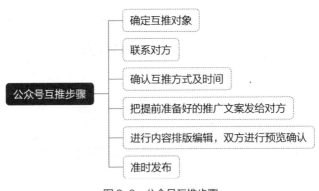

图3-8 公众号互推步骤

采用公众号互推的方式，最重要的是推广文案要写得好，内容对口，这样引流的效果就会比较理想。因此，文案一定要精挑细选，可以根据互推号的往期文章阅读数据来判断粉丝的喜好，继而挑选粉丝比较关注的话题作为推广文案。

这样不同的公众号互推，得到的效果可能会有很大差别。互推结束后，一定要认真收集和分析转化数据，在数据中可以找到涨粉的规律和方法，从而调整内容方向。

8. 大号投稿引流

公众号中比较知名的大号对稿子的需求量非常大，而且长期征稿，如果能够在这些知名公众号上发稿，就等于给个人品牌做了一次强大的背书，还能留下自己的账号进行引流。

那么，新手如何投稿呢？首先，选题要足够新颖；其次，内容要扎实，这点体现在两个方面，一个是案例的充实度，另一个是理论是否专业和权威；最后，要好好设计个人简介，要突出自己的成就事件和个人标签，以及擅长的领域，这样才能精准地吸引粉丝关注。

9. 向大号自荐文章

知名大号除了征稿之外，还会大量转载文章，然而好文章往往不是那么容易找到的。如果你认为自己的文章写得还不错，可以向大号的编辑自我推荐，如果能被转载便是推广个人品牌的好机会。与大平台联手合作也是新手起步的快车道。

10. 外部平台引流

从外部平台引流是很多账号能够快速成长的主要原因，比如某作者过去在豆瓣有几万粉丝，就可以在豆瓣留言引导粉丝关注公众号。以此类推，如果自媒体运营者在其他平台有不错的粉丝基础，一定要学会互相导流，将其他平台的粉丝引导到公众号上，做好用户沉淀，方便后续的管理和转化。

11. 微课引流

具有某方面专业知识的自媒体比较适合采用微课引流，把你的经验打磨成一节30分钟左右的微课，并做好一定的包装和宣传，那么一节微课能够带来的流量是不可估量的。在这个过程中，还可以借助粉丝的力量去做更多的推广，从而带来新的粉丝群体。

比如，你是一位摄影师，摄影作品多次被各类出版物选为专用插图，或拿到了不少荣誉大奖，一定有不少人对你的摄影经验和方法感兴趣；或者你是一位作家，文章多次上稿自媒体大号，且出了不少爆款文，那么你的写作经验一定很丰富，把你的方法和更多人分享，也

第 3 章　平台运营：搭建自媒体平台矩阵

可以吸引精准的粉丝群体；再比如你入职过华为、百度或者某个"独角兽公司"，在职场管理领域你很有一套，那么你可以分享职场方面的经历与心得，照样可以吸引不少职场新人的关注。总之，只要你的内容对别人有所帮助，就能产生意想不到的引流效果，多总结、多复盘，就可以找到自身的优势与亮点，带来更多的人气。

12. QQ 群引流

QQ 作为国内早期最知名的社交工具，现在依然聚集着庞大的用户群体，只要加以利用和挖掘，就可以发掘到巨大的粉丝价值。那么，具体要怎么做呢？

首先，锁定想要引流的粉丝画像，提取关键字，在首页进行搜索。比如，想要引流自媒体方面的粉丝，那么可以在 QQ 搜索栏输入"自媒体""写作""知乎""副业"等关键词，然后逐个加群，进群后将公众号文章转发到群里，吸引感兴趣的人关注（见图3-9）。如果群中有用户被你的内容吸引，一定会主动来加你，或者关注你的公众号。

图 3-9　QQ 群引流方法

13. 名字引流

一个自带传播力的名字可以为自媒体带来流量，那么什么样的名字更具传播力呢？

最简单、最直接的方法，就是夹带领域关键字的名字，比如职场领域的，某某说职场、职场某某，只要用户一搜索职场类的创作者，就很容易找到他们。还有情感类的，经常可以看到某某脱单指南、某某教你谈恋爱等，这些包含关键词的名字，也很容易吸引目标用户的注意。

如果你希望让更多用户看到你、找到你、关注你，那么把关键字融入名字中，也不失为一种涨粉策略。

上述这十几种引流方法大家可以了解一下，挑几种适合的实践一下。涨粉并没有什么速成的秘籍，踏踏实实做好内容，做好粉丝维护，粉丝自然就来了。

3.2.4 微信视频号运营

2020年，微信推出了视频号功能，吸引了很多互联网创业者，大家把视频号称为自媒体的最后一个风口，认为只要抓住这个红利就可以快速崛起。目前来看也确实如此，第一批入驻视频号的创业者已经从中获得了第一桶金。下面我们从视频号的优势、定位、涨粉和变现方式几个角度全面拆解视频号的运营方法。

1. 视频号的优势

（1）流量优势。微信作为国内目前最重要的社交平台之一，用户高达11亿，且使用率极高。因此，在流量方面视频号占据绝对的优势。

（2）有助于建立流量闭环。目前的视频号、公众号和微信号已形成"三足鼎立"的局势，视频号就像一个前端，负责把用户吸引进来，公众号就像一个中转站，负责把用户沉淀下来，微信号则像一个漏斗，把忠诚的用户导流到个人账号。通过层层的筛选和沉淀，形成紧密的私域流量闭环。

（3）基于强关系的社交算法，适合普通人创业。相对于抖音这种智能推送机制，视频号是基于熟人关系做出的社交推送。当一个用户点赞了某条视频，这条视频就会在他的社交圈中展示和传播，从而获得更大的曝光量。

（4）视频号处于红利期，新手容易得到扶持。目前，其他视频平台已经发展成熟，各领域的头部大号基本成形，新手难以出头。相较之下，视频号还处于萌芽阶段，每个人都有机会分得一杯羹，新手更容易获得崭露头角的机会。

2. 视频号内容设计

开通视频号后，摆在眼前的第一个问题也随之而来，即新手做视频号应该发什么？怎么确定账号的定位？

首先，做视频号的终极目标就是为了变现，因此视频号的定位必须和现有的资源结合起来。比如你之前在其他平台做情感领域的内容，现在想要开拓一个新平台，那继续在情感领域深耕就是不错的选择，扩展影响力的同时，又能把之前的蛋糕持续做大。

其次，我们可以把往期公众号或者其他平台的图文精华浓缩成视频，通过60秒的时间把核心观点传递给用户，这样可以缩减创作时间，还能让内容发挥二次价值。比如，笔者之前在公众号分享关于职场跳槽、副业打造和职业规划的内容都比较火爆，在做视频号时就继续分享这些内容，这样操作下来，图文和视频的资源合二为一，互相增强。

总之，自媒体在做视频号时不是从零开始，而是在原有资源和优势的基础上进行延伸。

3. 视频号如何快速涨粉

如今，做视频号的人越来越多，无数创业者希望从视频号风口获得改变人生的机会，竞争越来越激烈了。另外，视频号过了野蛮生长的阶段，大家的内容也都在不断优化升级，仅仅是从内容上下功夫很难获得独特的优势。因此，在这样的客观环境中，自媒体只有在制作内容的基础上叠加高超的运营技巧，才能使视频号加分，吸引更多粉丝。

下面分享9个实现视频号粉丝增长的小技巧(见图3-10)。

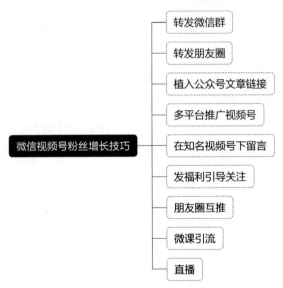

图3-10　微信视频号粉丝增长技巧

（1）转发微信群。视频发布后，建议运营人员第一时间将其转发到微信群，提升点赞和互动量，为下一轮推荐预热，高的推荐量和涨粉量基本成正比。

(2) 转发朋友圈。转发视频至朋友圈，可以与朋友进行互动，在第一时间积累更多的点赞和阅读量。而好的反馈可以得到官方后续对视频的扩大推荐，然后借助熟带生的方式吸引更多粉丝。

(3) 植入公众号文章链接。视频号允许用户在视频下方留下公众号文章链接，这让公众号流量有了新的入口。也就是说，原本公众号没有粉丝的账号，只要将视频做好了，就可以为公众号导流，从而建立起流量闭环。

(4) 多平台推广视频号。视频号可以多平台推广，比如在公众号、头条号和知乎号等平台宣传自己的微信视频号，这样能够快速完成第一批粉丝的积累，从而带来更多的关注。

(5) 在知名视频号下留言。开通视频号之后，可以在知名的视频号下留言、评论，引起其他人关注，从而点击并跳转到我们的视频号主页，以此提升视频号的曝光度。想要吸引别人的注意，除了评论排名靠前，还需要出其不意，让人眼前一亮。比如在评论区说出不同的看法，有理有据，逻辑自洽；也可以透露真情实感，甚至留一两个金句，这些都能够让人觉得你与众不同。总之，引起别人关注这件事，只要方式不出格，便可各显神通。

(6) 发福利引导关注。在视频当中留下关注回复领取福利的字眼，用户便可通过私信领取，这样可以加强与用户的互动频率。

(7) 朋友圈互推。可以考虑和好友互相推荐视频号，哪怕一周互推一次，坚持2个月也会有不错的效果。如果你和某位知名自媒体人的关系不错，也可以拜托他在朋友圈为你助力。

(8) 微课引流。如果你经营的视频号效果不错，也积累了不少运营经验，不妨把它们分享出来，帮助新手快速成长，顺便也能为自己带来新的粉丝。

(9) 直播。微信视频号具有直播功能，自媒体运营人员可尝试开通直播，以优质的产品或服务吸引更多人进入直播间观看，从而使粉丝量得到一定增长。

4. 视频号变现的方法

笔者观察过身边做得比较不错的视频达人，发现他们基本分为两类：一类是借助不错的影响力已实现了变现；另一类是想要变现，却不知道从何下手。每天付出这么多时间经营视频号，谁不希望能够从中获得回报呢？

下面介绍7种视频号变现的方法(见图3-11)，我们可以尝试应用其中一两种方式，实现视频号的变现。

图3-11 微信视频号变现的方法

(1) 电商售货。视频博主可在视频中推荐商品，介绍商品的信息、优点，以及优惠价格等，并在视频下方加入商品链接，引导用户点击购买。推荐的商品一般分为两种：一种为视频博主自己的产品，直播销售后获得利润；另一种是为其他商家带货，从而获得佣金分成。

(2) 付费阅读。自媒体运营者可以把自己公众号中的某篇文章设置为付费形式并将链接植入视频当中，通过相关的内容展示，吸引用户付费阅读，以获取收益。

(3) 版权收入。有出版图书的视频主，完全可以通过视频号介绍书的内容，宣传本书的亮点和特色，吸引感兴趣的用户下单，提高版权收入。

(4) 软文推荐。现在公众号的打开率不到10%，想通过为企业或产品编写软文赚取收益越来越难。而视频号的出现恰好补齐了阅读量下滑的缺口，视频中加入公众号链接可以提升软文的阅读量，增加打开率，以便后续持续与商家合作，进行软文推广。

(5) 课程推广。微信的直播功能为很多知识类公众号提供了更好的宣传渠道，很多运营者开启了直播，在直播间为观众讲解自己的课程，回答观众问题等，并且在直播间导入课程链接，引导用户下单购买(见图3-12)。

图3-12 课程推广

(6) 免费开店。目前视频号新增了小商店功能，提供免费开店并关联视频号服务。免费开店分为两种形式：一种以企业和个体户的名义开通，需要上传营业执照才能通过；另一种则更适合"素人"，不需要营业执照也能开店。通过图3-13可以看到，在"我的小商店"中包含了十分丰富的功能，包括新增商品、商品列表、分类管理、订单管理、运费模板、地址管理、纠纷处理和客服设置等，只需完善经营信息、展示产品，便可开启店铺、销售商品。

图3-13 视频号小商店

(7) 线下活动。视频号的出现捧红了一部分人，很多已经通过视频号获得名气的博主会在各类线下活动中频频亮相。很多商家希望借助这些人的名气进行宣传造势；而参加这类活动的网络红人也可从中获取数额不小的出场费用，借助活动达到双赢。不过这种变现方式必须在视频博主有了相对比较大的名气后才能实现。

3.3 自媒体平台运营方法：今日头条

2012年8月，今日头条上线，这款产品最大的特点在于强大的搜索功能。在2018年之前，今日头条虽然拥有庞大的用户群，但内容质量良莠不齐，为了刺激创作者生产优质内容，提升平台的吸引力，今日头条投入了巨大的资金奖励创作者，吸引了大量优质作者加入。此后，头条内容呈现了百家争鸣、各显所长的繁荣局面，职场、情感、教育、科技、财经、心理……不同领域的作者都能在这个舞台演绎自己的写作故事。

3.3.1 今日头条的优势

今日头条平台对于新手有不同程度的扶持，如提供免费的公开课培训、新手入驻奖励等。可以说，今日头条成就了很多创作者，帮助无数普通人实现了写作的梦想。下面讲解今日头条的优势(见图3-14)。

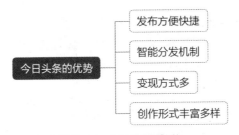

图3-14　今日头条的优势

(1) 平台的编辑发布方式简单、方便、快捷，无论是发布微头条、文章还是视频，都可以通过手机轻松编辑、上传。

(2) 平台的智能分发机制，可根据兴趣人群、环境特征、文章特征的匹配程度智能推荐作品，新手也可以获得巨大的流量。

(3) 平台变现方式多达十余种，且奖金活动连续不断，帮助更多新手实现变现目的。

(4) 平台支持丰富多样的创作形式，无论创作者的内容是音频、图文，还是视频，都可以找到适合的频道。

3.3.2 今日头条的微头条功能

在今日头条平台，微头条被称为涨粉利器，很多朋友都想做好微头条以便提升账号知名度。本节主要介绍微头条的价值和运营技巧。

1. 微头条的价值

微头条做得好，不仅可以带来更多的忠实粉丝，还能得到更大的收益，并提升账号的权重（见图3-15）。

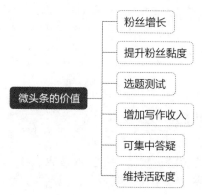

图 3-15　微头条的价值

（1）微头条有利于粉丝增长。发布微头条不需要组织很多语言，字数比较少，编辑起来很简单。用户可以随时随地发布一些专业知识的干货，也可以发布一些想法和心得，涨粉效果是很明显的。由于微头条能够获得平台的推荐，阅读量甚至会比长文更高，所以很容易吸引到意向用户。

（2）微头条有助于人物定位，提升粉丝黏度。微头条的内容没有太多限制，大部分内容围绕创作者擅长的领域来发布就可以。比如你是职场领域的创作者，就可以发布一些和职场有关的活动照片、工作中的照片，还可以发一些业余生活的瞬间，配上原创文字就会更加符合自己的定位。

经常发布微头条可引发粉丝评论，那么你就可以回复他们，一来二去互动就多了。如此一来，可以增强粉丝对你的了解，了解多了，熟悉感和信任感自然就建立起来了，这样有助于提高粉丝黏性，粉丝也更喜欢你，更愿意亲近你。

（3）微头条有利于选题测试。想知道一个选题会不会火，可以先写一个简短的微头条展现出来，如果互动量很高，粉丝讨论的热情高涨，说明读者对这个话题比较感兴趣。就可以根据这个选题去打造爆款文章或者视频。

(4) 微头条可以增加写作收入。微头条有两种变现方式：第一是根据阅读量结算收益，阅读量越高，收入也就越高；第二是加入专栏或者商品，做电商带货赚取佣金，这部分的收入取决于销量。

(5) 微头条可帮助创作者集中答疑。笔者经常会收到粉丝的私信，提出一些相同的问题，如怎么拿原创标、怎么才能申请到加V认证等。一个个回复效率太低了，笔者会选择比较有代表性的问题，在微头条集中为大家答疑。这样能够覆盖到更多的读者，为更多人解决痛点，还能树立专业的形象，促进"拉新"，同时提升粉丝黏度。

(6) 维持活跃度。创作者可能没有时间每天都更新文章，或者做问答，这可能会使一些粉丝取消关注。如此一来，之前做的努力就会白白浪费。这种情况下，创作者就可以通过发布微头条来维持账号的活跃度。

2. 微头条的内容打造

打造微头条的内容，有以下几个技巧(见图3-16)。

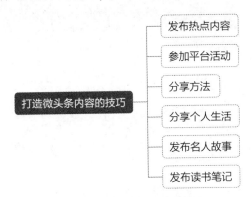

图3-16 打造微头条内容的技巧

(1) 发布热点内容并评论。如果创作者没有合适的内容在微头条发布的话，不妨从一些热点话题入手。比如之前电视剧《都挺好》热播的时候，苏家三个男人槽点满满，此时创作者就可以发表对人物看法的微头条，以此与粉丝产生互动和讨论。当然，追热点也是一门学问，要记得与我们的领域结合起来。比如笔者是写职场类文章的，因此微头条的内容也只写与职场相关的问题，而尽量避免写其他领域的。还有一点要注意的是，不要发表一些负能量的内容，而是要传播正面的价值观。

(2) 多参加今日头条平台的活动。今日头条平台每个月都会发起一些微头条的有奖活动，只要带上话题就可以参加微头条的评选，一旦选上了就可以得到几十块到几千块不等的收入。例如，笔者在刚开始运营头条的时候，就参加过一个"来电狂响"的微头条活动，拿到了50元的幸运奖,虽然不多,但参加官方的评选活动,不需要我们自己去思考主题,又能得到奖励,何乐而不为呢?

笔者认识一个头条的作者,她写的内容是属于情感领域的,经常参加一些电影评说的微头条活动,获得的奖励至少也有十来次了,最高的一次她用几百字的微头条内容获得了300元的奖金,可以说是收获满满!

参加今日头条平台奖金活动的方式为:用电脑登录头条的主页,进入后可以看到"为你推荐以下创作活动"的板块,单击"更多"选项,就可了解目前正在开展的征文活动(见图3-17),平台在各个领域都设置了相应的活动。

图 3-17　微头条奖金活动

(3) 分享个人解决问题的方法。以写作领域为例,你可以把如何培养写作习惯、兼职写作如何做好时间分配的方法分成几个小点,简单和大家分享一下,这也是一个很好的内容素材,能够帮大家切实地解决问题。

(4) 分享个人的生活。以笔者为例，一开始笔者是分享写作干货，发微头条的时候就会发布一些相关的内容，比如简书编辑邀请笔者去"谈写作纸上电台"作为分享嘉宾，节目前后笔者都会截图发布在微头条上，配上一些分享感悟，这样既能借助大平台为笔者的个人品牌背书，又能强化大家对笔者的信任感。

(5) 发布名人故事。名人本身就有很多值得我们学习和借鉴的地方，而且人对于成功的人物故事总有比较强烈的好奇心，都想知道对方的人生经历。在发布名人故事时，不要再写那些让人耳熟能详的情节了，而是要挖掘一些别人不知道的东西。以喜茶创始人为例，很多人都知道他创业成功的故事，但在他创办喜茶这个品牌之前，其实也有过很多坎坷曲折的经历，这些经历就值得去深入挖掘，提炼一些对大众有参考价值的点，总结分享出来，相信很多人也会感兴趣。

(6) 发布读书笔记感想。当我们看完一本书时，可以在微头条发布一篇读后感，分享一些零碎的知识点。比如，笔者在书上看到一个"后视镜综合征"的概念，就可以结合自己的观点，以及联想到的案例，进行融合与重组之后就变成了一条优质的微头条内容分享出来。坚持分享书上的小知识点，一来可以强化我们的记忆，二来可以为用户提供知识增量，让读者每次都能从你的账号中吸收到新知识，自然就会越来越喜欢你。

以上6点是微头条的创作方向，只要掌握其中两三个方法，足以写出源源不断的题材。另外，保持微头条的垂直度很重要，微头条发布的内容八成要和你的领域相关，两成内容可以跨领域，这个比例要把握好。

3. 微头条怎么发

发布微头条有如下两种方法：

(1) 登录电脑端个人主页，选择"微头条"选项卡，输入文字，选择图片，随后单击右下角的"发布"按钮，即可发布微头条(见图3-18)。

(2) 登录手机端，单击右上角的"发布"按钮，选择"发微头条"选项，输入文字，插入图片即可发布(见图3-19)。

为了提升微头条的曝光度，建议加上话题。单击#号，选择适合又具备一定热度的话题即可。例如，内容是和职场相关的，那么就打上#号，输入职场关键字，选择适合的话题加进去即可。每个微头条的话题最好不少于三个。

图 3-18　电脑端发布微头条

图 3-19　手机端发布微头条

3.3.3　今日头条的粉丝增长方法

当我们运营一个新平台时,最希望看到的就是每天都能涨粉。但是在新手阶段,由于受关注度不高,如果没有用心做推广工作,靠自然涨粉是很难取得比较明显的效果的。笔者结合自身从事自媒行业两年多的经验，总结了以下9个在今日头条平台有效涨粉的方法(见图3-20)。如果你恰好在运营头条平台且有涨粉的愿望，不妨也来尝试一下。

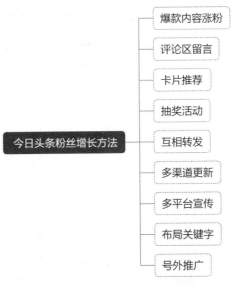

图 3-20　今日头条粉丝增长方法

1. 爆款内容涨粉

打造爆款内容，吸引粉丝关注是最常见的引流方法，也是黏性最强的涨粉方式。比如笔者曾经写了一篇《文章发在哪里有收益，这6个写作赚钱平台帮你实现财务自由》，这篇文章发出不到1个小时就有上万的阅读量，第二天就突破了10万，一夜之间涨粉上千。爆款内容的涨粉力度不容小觑，有时候100篇普通文章的涨粉效果，还比不上一篇精心打造的爆款文。文章贵精不贵多，要把力气花在爆款内容的思考和创作上，拿出最大的诚意去做好内容。

2. 评论区留言

给热门内容留言是涨粉的"必杀技"，在一个热门内容的评论区可以点评几个金句，这样的评论是比较吸引眼球的，比较容易引起别人的关注，甚至还能吸引别人主动与你互动。还可以针对内容写出不同的看法和建议，反其道而行之也是一个引人关注的绝招。不过，点评的时候要注意尺度，要有理有据方可称为见解独到，否则就很容易变成"抬杠"了。

3. 卡片推荐

不知道你有没有遇到这种情况？关注了某个博主，官方平台就会给你推荐很多相似领域的创作者，这种推荐方法就是卡片推荐(见图3-21)，这也是帮助创作者涨粉的有效途径。想要得到官方推荐，关键是要专注垂直领域的创作，让平台给你的账号打上精准标签，方便推荐给感兴趣的用户。

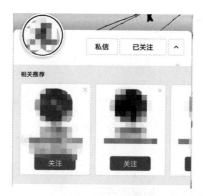

图 3-21　卡片推荐

4. 抽奖活动

发起抽奖活动，涨粉的效果是非常显著的。很多使用今日头条的朋友都参加过各类账号举办的抽奖活动，但大部分人还不知道自己的账号也能发起抽奖。

打开手机端的头条主页，在下方的"小程序"板块找到"全民抽奖"功能，填写资料就可以发起抽奖。涨粉效果和奖品的吸引力有一定关系，从实用价值和粉丝的需求角度设置奖品，更容易提升活动的涨粉效果。比如，笔者的头条读者大部分是30~45岁的用户，那么送些儿童绘本、办公用品都是比较实际的，满足用户需求的同时，也不至于承担太大的经济压力。

5. 互相转发

在头条平台发展要注重借助圈子的力量，联合好友互相转发内容，提升彼此的人气，也是一种比较靠谱的涨粉方式。转发的时候加几句走心的内容点评或对朋友的友情推荐，也有利于提升粉丝数量。不过，这种人为设计的转发，对象最好不要固定，也不要太频繁，要不然就有作弊的嫌疑。

6. 多渠道更新

很多人从来不发微头条、不回答问题、不发视频，十天半个月才发一篇文章，导致头条涨粉速度很慢。要知道那些涨粉快的作者基本都是"日更型选手"，而且什么内容都发，问答、微头条、文章基本都有涉猎。

在新手期想要快速涨粉，一定要多渠道发力并积极更新，文章、微头条、问答、视频最好都做起来。你更新的渠道越多、形式越丰富，吸引来的粉丝自然越多。

7. 多平台宣传

创作者除了在头条平台内部积极宣传，还要在平台之外的地方推销自己。比如在简书、公众号等平台积累了一批粉丝,那么就可以告诉他们,你现在也是一名头条创作者,留下你的账号名字,引导和呼吁粉丝关注你的头条号。

8. 布局关键字

植入领域关键字是一种"长线钓鱼"的涨粉方式,也许在短期内看不到什么效果,但是时间长了,带来的粉丝量也是比较可观的。用户通过在头条首页的搜索栏输入某个关键字,就能够找到你的文章、回答或者视频,这样不仅能轻松引来粉丝,而且十分精准,被关注的概率大大提升。

在创作的时候一定要思考,自己的领域关键字是什么,关注该领域的用户会遇到的问题。以职场领域为例,用户可能会搜索"跳槽""面试技巧""职场竞争力""和领导相处"这些关键字信息,提前埋下这些关键字,就等于开通了一个源源不断的流量入口,每天都能吸引新的用户进来。

9. 号外推广

号外推广也称付费推广,这种涨粉方式适合企业运作或者团队作战,虽然花费不小,但只要用得好,很快就能回本,而且能够大大提升涨粉效率,缩短变现周期。采用号外推广时,前期建议用较小的金额进行测试,达到效果再进行大规模的推广,方便控制成本,提升转化。在选择推广文章方面,尽量选择原本效果就比较火爆的文章大力推广。

粉丝增长并没有想象得那么困难,只要花时间打磨内容并坚持营销推广就会有所收获,任何事情都不是一朝一夕就能做到最好的,希望大家任选几个方法实操一遍,总结经验,迭代调整。

3.4 自媒体平台运营方法:抖音

2016年抖音刚刚上线就引爆全网,基于算法推荐,抖音呈现出千人千面的特点,精准无比地抓住不同用户的口味与喜好,进而算出用户所喜爱的内容,给了用户沉浸式的体验,带动气氛的音乐、立体灵动的画面,让用户得到了极大的满足感。

根据2020年春节期间的调查报告显示,抖音用户达5亿人次,巨大的用户基础给短视频创作者带来了无限的流量与机遇。如果你想通过短视频创作来实现粉丝增长、提高知名度,那么下面的内容请一定要认真看完。

3.4.1 打造抖音视频选题的方法

选题是作品的前提和灵魂,想要打造爆款视频,选题是重中之重。每个创作者都希望自己的作品能够引起更多人的关注,那么怎样才能找到合适的选题,打造更多爆款视频?下面介绍4种方法,帮你打开创作思路。

1. 从同行的选题中寻找

当我们想不出好的创意时,可以看看同行发布的内容,有什么选题被大家喜欢和讨论。按照这样的选题思路进行加工和创新。比如,当我们看到别人发布的关于"如何投稿"的抖音视频很火爆时,就可以结合自己的投稿经验,发一篇新手如何投稿赚钱的视频,同样可能赢得关注。

2. 从往期的素材中挖掘

找不到素材的时候,你有没有想过从往期的内容素材中挖掘呢?比如笔者曾经写过一篇"精力管理"的文章,受到很多读者的欢迎和讨论,所以当我在抖音平台制作视频、考虑选题时,就将这一素材作为视频的选题。当然,视频的内容最好不要和文章完全一样,应该在原有素材的基础上有所创新。

那么,怎么与之前的内容有所差异呢?我们可以从3个方向进行挖掘。

(1)选择文章的某个点深挖。比如,在讲解"如何通过列清单进行时间管理"时,可以从怎么列、列完怎么实操、新手容易犯哪些错误等角度进行详细讲解。我们可以把它分为三个视频,一期只讲好一个点。

(2)讲不同的知识点。虽然选题是一样的,但内容上可以讲解更多的知识点,也可以讲讲最近刚出现的一些新观点。

(3)提出相反的观点。事物都是在不断发展变化的,人的认知也会随之改变。随着阅历的增长和眼界的开阔,可能会改变我们原有的想法。因此,我们可以根据以前的素材制作出观点不同的视频,内容中融入自己的新想法与感悟。但要注意的是,新的观点要站得住脚。

3. 从行业关键字延伸

从关键字信息中可以了解到用户搜索和关注的问题,高效获取精准客户,同时还能让我们拓展出更多意想不到的选题。因此,利用关键字延伸法做视频选题,是自媒体人应了解和掌握的。

把你能够想到的行业关键字写下来，从关键字出发，看看能够联想到什么主题。比如，你比较擅长写职场领域的选题，那么行业关键字就是同事、工资、跳槽、面试、管理能力、领导、影响力等；比如你在做美食领域的内容，行业关键字可能是家常菜、烘焙、厨艺、减肥餐等；比如你是做情感领域的账号，行业关键字就是婚姻、两性关系、爱情、脱单、分手、复合等。

4. 从平台活动找选题

抖音经常会推出制作视频领取奖金的活动，围绕这些活动主题制作视频，如果效果不错就可以获取一定的奖励。创作者与其自己冥思苦想做什么视频，不如打开平台看看最近有什么热门活动，这样选题就有了方向，而且还有机会领取奖金，可谓一举两得。

3.4.2 打造抖音视频文案的技巧

视频创作者通常会在拍摄视频之前写好文案脚本，一个好的视频脚本包括文字、动作、镜头拍摄方法和台词等。文案的作用是做好内容规划，提升拍摄效率，让拍摄人员一目了然。视频文案的编写技巧如下。

1. 确定故事主题

没有故事主题的视频就像流水账，显得杂乱无序，观众看完后也不知道你要表达什么观点。因此，有一个明确的故事主题是视频的灵魂。

在创作视频之前，要明确视频想传递的观点，如怎么做好时间管理、面试时怎么自我介绍，以及月光族怎么存钱等，这样后续的编写就围绕这一主题进行，思路明确、内容清晰。

2. 撰写文案

确定主题后，就要开始撰写具体的文案内容了，包括场景、人物对话等。其中，对话是视频文案中最重要的部分，由于短视频短、平、快的特点，因此初始文案的字数最好控制在300字左右。

3. 脚本修改

写好文案后，创作人员最好先自己读一遍，遇到拗口的地方把它修改得通顺一些，再将不合理、不通顺的内容删去，增加一些临时想到的情节和金句，让整个文案更加生动。

此外，好的文案脚本，语言应该是朗朗上口的，采用常见字和短句为佳，这样演员在念脚本时会显得比较顺口，不吃力，观众听着也比较舒服。

3.4.3 抖音视频常见定位与内容

拍摄抖音视频不需要你具备多么出色的才华，不需要你有多么华丽的头衔和身份，抖音为普通人提供了展示自我的平台，真实、有趣的内容分享更容易引起大众的共鸣。

1. 分享读书心得

我们可以将读过的书浓缩成几百字的精华分享给用户。运营一个读书类的账号，不仅可以倒逼我们坚持学习，打造知识系统，还能锻炼我们的思维能力，通过对书本的思考和解读，让我们有自己的独到见解，也对这个世界有更多的了解。

读书类视频以分享读书精华为主，把知识掰开、揉碎传递给读者，引导更多人去读好书，爱读书，同时也能够带货图书实现盈利，便于账号的长期运营。

2. 分享旅行景点

短视频的出现，成就了很多旅行类的博主，他们一边奔赴山川湖海，一边利用短视频分享自己的见闻与心情，不仅得到广大观众的喜爱，也得到了不少的经济回报。

抖音上有许多旅行博主分享旅拍视频，有的和伴侣二人走过了世界大大小小的城镇，看了无数我们只在电视或杂志上看到的美景；有的则是一个人自由行，阅尽祖国的大好河山，在镜头下记录着路上的动人瞬间。用短视频来记录旅行中的点点滴滴，已经成为很多视频创作者的内容方向。

3. 分享育儿生活

在抖音，有非常多的宝妈因分享自家萌娃的日常点滴而成为网络红人。一位育儿类视频的创作者，她有一对相差12岁的儿女，哥哥是一个超级暖男，十分宠爱妹妹，妹妹则古灵精怪，经常和哥哥上演着"相爱相杀"的戏码，惹得粉丝们爆笑不断，更有观众称每天看这位宝妈拍摄的视频，就像追电视剧一样精彩，一天不看都觉得少了点什么，评论区经常有粉丝留言催更。可见分享育儿生活也是一种非常圈粉的视频内容定位。

4. 分享职场干货

抖音用户不少是刚毕业的年轻人，他们刚离开校园踏入职场，急需了解相关信息。如果你刚好是在职场中打拼多年的"老人"，不妨分享一些对职场新人有指导意义的干货，比如"职场新人不能告诉同事的5个秘密""职场新人如何做好向上管理，让领导重视你""刚入职怎么快速融入公司，跟同事搞好关系"等。

如果你恰好是一位毕业不久的职场新人，也可以根据你的经验，分享你踏入职场后走的弯路，比如"面试时不能说的5句话""职场新人怎么避免被边缘化""职场新人的跳槽避坑方法"等，帮助年轻人避免同样的问题，指引他们在职场中快速成长。

5. 分享生活琐事

在抖音上有这样一群人，他们年轻有活力，努力拼搏，热爱生活，每天都在抖音上记录着生活的点点滴滴，有时候分享下班后做的一顿热气腾腾的晚餐，有时候分享和朋友相聚的周末时光，有时候分享和另一半从相识到相爱的温暖日常，有时候分享最近刚学会的一项新技能。这些生活琐事虽不起眼，但很能激发有相同生活经历的观众的共鸣。生活类视频的精髓在于，不需要去刻意打造一个特别的人物，而是展示你自己鲜活的、精彩的一面，把自己的生活经营好了就是最好的作品。

3.4.4 抖音视频的后期处理

视频素材拍摄完成后，要经过加工处理，才能变成一条比较优质的视频。很多新手没有经验，不知道怎么处理，又担心精细的处理要耗费大量的时间。其实，抖音官方发布的视频处理App——剪映非常专业，可以说是"傻瓜式"操作。只需在手机中下载剪辑App，随时随地都能处理视频，哪怕你是一个新手，也能快速完成视频的后期处理工作。

处理好一条视频的基本步骤，如图3-22所示。

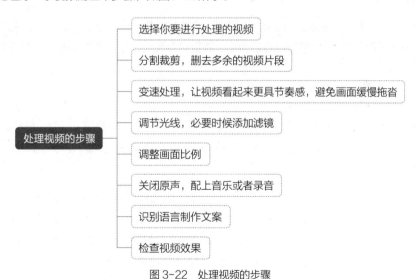

图3-22 处理视频的步骤

剪映的功能特别丰富，滤镜、光线调节、尺寸、画布颜色、字体选择、音效、变速、剪辑、贴纸、撤销、自动保存草稿一应俱全，基本可以满足新手的所有需求。此外，剪映最大的好处就是不用手动添加配音文字，可通过智能翻译自动加上，支持删改。

3.4.5 抖音直播技巧

直播行业发展至今，从网红小打小闹地唱唱跳跳，到现在很多商家进行推广卖货，已然成为大众创业的重要渠道。

1. 直播的作用

（1）直播可以提升粉丝互动性。直播能够吸引粉丝一对一地与创作者互动，帮助粉丝解决问题的同时，也更容易拉近彼此的距离。经常直播的博主，粉丝互动频率会越来越高。

（2）直播可以促进粉丝增长。直播的时候，平台会给一些推荐量，这样有利于吸引一些"路人"进入直播间，继而转化为粉丝。

（3）直播可以锻炼你的口才和胆量。直播最难的其实就是突破自己心理那一关，很多人碍于面子不敢踏出第一步，害怕没人看，害怕自己说不好。这种心理上的问题，需要我们多加磨炼才能克服，坚持直播，口才和胆量会慢慢提升。

（4）直播可以增加收入。直播可通过观众打赏和商品带货等换取资金收入。直播的变现形式非常多，后面会详细介绍。

2. 直播的技巧

直播看似简单，但也存在很多难点，需要直播人员掌握一些技巧。许多人担心直播不上镜、担心开播没人气、担心直播时会忘词等，其实只要我们做好万全的准备，这些问题都是可以避免的。

（1）直播说什么？

现在直播行业异常火爆，我们经常听到某明星开始直播、某主播被"打赏"多少礼物、某直播间销售了多少产品等消息。很多人是很心动的，也希望通过直播开拓新的发展空间。那么直播可以说什么呢？

第一，分享垂直内容。可以在直播中分享自己平时研究和擅长的内容，如果你本身是做情感领域视频节目的，那么直播的时候分享情感干货就可以了，为粉丝进行情感答疑。只要在直播中提供更好的内容，相信对粉丝黏性的增强也有很好的作用。此外，这种分享类的直播也很容易吸引普通观众，如果内容恰好是他们喜欢的就会关注主播。

第二，分享粉丝的提问。可以将粉丝平时经常提的问题收集起来，在直播中集中解答。直播时，粉丝也会提出各种各样的问题，可以从中挑选比较有代表性的问题，为粉丝答疑就可以了。

第三，推荐好物。很多商家和带货博主会在直播中分享好物和直接销售。比如，一些服装店老板会在直播时推荐自家的衣服，引导粉丝下单。这也是最直接的一种直播变现方法。

(2) 什么时候适合直播？

第一，有一定的人气。当你有了一些粉丝的时候再去直播，人气高，权重也会比较高，更容易得到系统的推荐。

第二，避开直播高峰期。大部分主播都会选择在晚上8点~12点这个时间段直播，因为这个时间段是用户玩手机的高峰期，观众基数大。但由于大家都在直播，流量也变少了，而且比较多集中在大主播的直播间，新人主播要吸引观众实际上是更难的。其实，我们可以另辟蹊径，选择在晚上12点之后直播，这样竞争会少一点。

第三，预热之后再直播。很多新手主播苦恼于直播没人看，觉得自信心受到了打击。为了避免这样的问题，我们可以在直播前给粉丝预告，包括时间、内容等信息，让粉丝有期待感。因此，如果你希望直播的时候有人气，一定要先提前预告，先把气氛调动起来，直播才可能取得比较好的效果。

(3) 新手如何做抖音直播？

第一，有一个比较明确的主题。直播要有一个鲜明的主题，这样有利于吸引目标用户，这也让你的直播看起来更有条理。比如，直播分享如何穿搭、如何写稿、如何化妆、如何减肥、如何育儿，这些都是可以分享的主题。

第二，提前做好分享流程。主题有了，还需要一个比较明确的分享流程，不然很容易出现说着说着，突然不知道说什么的尴尬情况。建议大家在直播前先准备一个提词器，或者把关键字写在一张纸上，直播时贴在容易看到的地方，可以随时提示你什么流程该分享什么内容。

第三，直播结束后，趁热打铁多发作品。直播后，要趁热打铁提高发布视频的频率，持续吸引粉丝关注，增加粉丝黏性。毕竟粉丝是健忘的，直播的效果再好，如果你不继续"刷脸"，他们也会去看别的主播。因此，在直播取得不错的成绩后，一定要抓紧这波热度多发布视频作品。

第四，选择固定的时间段直播。在固定的时间段直播，有利于培养粉丝定时进入直播间的习惯，也能够给粉丝一个期待，每到这个时间就习惯性地来看你，提升粉丝黏性。

3.4.6 抖音的变现方法

除了直播这一比较直接的变现方法以外，抖音中还可以采用以下几种方式获得收入。

1. 接广告

大家可能经常会在抖音的短视频中看到一些软广告，比如视频中一对情侣吵架了，男友为了道歉送给女友一套护肤品，然后介绍这款护肤品用完皮肤多好等，视频还植入了产品链接，点击进去就会跳到淘宝，直接下单就可以购买。这种就是软文广告，通常都是商家主动找视频博主进行合作，帮忙推广某个产品。题材和内容根据账号平时的风格进行设计即可。这种方式的好处是不留痕迹地植入了广告，往往看到最后才反应过来这是一个广告，并且通过名人的亲测效果，增强产品的视觉冲击力，有利于刺激用户下单购买。

通过接广告的方式，视频博主能够取得可观的收入，还能通过品牌增加自身知名度。

2. 引流店铺

近几年，很多实体店开始搭载了短视频宣传模式，开展线上线下结合销售商品的模式。比如，在抖音中发布一些客户穿着某品牌服装的视频，顺便给自己店里的服装做广告。如果观看视频的用户心动了，就可以通过线上店铺购买，也可联系到店试穿购买。

3. 内容电商

内容电商这几年也非常火爆，很适合有流量但没有产品的用户，比如你有10万粉丝，但没有变现方式，就可以通过抖音开通商品橱窗。具体方法为，在视频里插入淘宝产品链接，帮淘宝商家销售产品，成交了就可以获得一定的佣金收入。不过要注意的是，这种变现方式在产品的把关方面要非常严格，至少推荐人要自己使用过产品，对质量有信心，否则一旦出现问题，视频博主的声誉也会受到影响。此外，商品应符合账号的定位。

4. 知识付费

通过分享知识类的视频吸引意向用户关注，然后引导客户购买课程，或者通过一对一付费咨询为客户解决各种问题，这是很多知识类博主都会采用的视频变现方法。只要你拥有某方面的专业知识，就可以采用这种方式。前期，我们可以通过抖音免费分享知识，等到粉丝增长到一定数量，就可以考虑变现收费。

3.5 自媒体平台运营方法：知乎

在众多的自媒体平台中，笔者认为知乎是涨粉比较快的一个平台。当笔者还是一个自媒体新人的时候，曾在知乎账号上发表过一篇情感文，短短一个月的时间竟累计斩获了100多万的阅读量，此后半年笔者就积累了8万多粉丝，相应的收入也非常可观。因此，笔者认为知乎是自媒体运营人员必须布局的掘金地。

3.5.1 知乎的特点与优势

1. 知乎的特点

知乎平台采用论坛的形式，用户可以围绕某一感兴趣的话题进行相关的讨论，同时可以关注兴趣一致的人。对于概念性的解释，网络百科几乎涵盖了人们所有的疑问，但是对于发散思维的整合，却是知乎的一大特色。

根据调查，知乎的用户群体多为一二线城市的80后和90后，是"三高"人群，即高认知、高学历、高收入，用户质量可见一斑。

而对于创作者来说，知乎的包容性非常强，平台内容覆盖生活、情感、职场、学习、摄影、写作、旅行、社会、热点和科技等众多领域，用户可以在其中提出问题，也可以回答别人提出的题目。所以，在知乎平台，创作者只需提供专业的回答，便可以迅速塑造个人品牌。

2. 知乎的优势

（1）知乎在百度的搜索权重特别高，用户在百度搜索回答的过程中，知乎的排名仅次于百度产品。

（2）知乎内容的生命周期比较长，之前回答的题目，只要答案比较有参考性，即便过了几年依然能够显示并持续带来新粉丝。

（3）知乎的粉丝价值高，消费力强。

（4）知乎的内容质量非常高，各行业的专家学者也会加入其中为用户解决问题。近几年，很多出版社开始倾向于从知乎作者中寻找出书人选。

3.5.2 知乎中回答应避开的误区

知乎的内容体裁包括图文、回答、视频和直播。就目前来说,问答依然是该平台最热门的创作形式,它的流量也远远大于图文形式,很多知乎的知名作者都是以回答问题为主要应用方式。

很多人会疑惑:"我一直在答题,甚至保持很长时间的日更,为什么我的知乎就是不涨粉?"如果你更新很积极,但没有达到期望的涨粉效果,那么很可能是陷入了答题误区。从某种程度上来说,选对题目比优质内容更为重要!

误区一:喜欢回答热榜问题

热榜这种关注量几十万的题目自带流量,很多新手会每天盯着热榜答题。遗憾的是,在热榜成千上万的回答中,一个没什么粉丝的用户,即便给出的答案再好,也会很快被其他人的答案覆盖。

因此,新手用户要回答的是那些关注度在几百个,回答几十个的问题,比如图3-23中这种899个关注者、14万浏览量,但回答只有58个的题目。如果这道题依然有人在看,近期也有人点赞和评论,说明这个题目有提升热度的潜力,那么就不要放过这类题目,要认真答复。回答这种问题,排名更容易靠前,一旦题目成为热门,就能引来更多用户的关注。

图 3-23 可以尝试回答的问题

当然,也不是说在热榜回答问题就一定没有机会获得关注,不过要使用一定的招数,排名前20的热榜题目,基本被知名答主承包了,新手很难崭露头角。因此对于新手来说,可尝试回答热度排名20~50的题目,这些题目相对来说竞争比较小,答案更容易得到肯定和关注。

误区二:回答只写一两句话

笔者从2018年就开始入驻知乎,也尝试过答题,但由于缺乏经验和技巧,回答的内容质量不高,只是草草写一两句话。就这样即便每天回答几十道题,粉丝量也没过百。

但笔者不甘心,于是开始拆解热门题目的高赞回答,分析各领域知名答主的回答方法,很快就总结出一套方法论。此后笔者把这些方法运用到答题当中,很快就产生了效果,仅半年笔者就在知乎获得了8万多粉丝。后来笔者把这套方法分享给学员,他们也都在短期内获得突破性增长。

现在回头看刚入驻知乎时的回答,最大的问题在于内容写得太少、太浅、太空洞,没办法打动用户。举个例子,以前回答如何提升写作水平的题目,只写寥寥几个字:多读、多写、多思考。吃透方法后,笔者知道内容一定要充实、要丰富、要落地,让新手看完也能复制,能够实操,因此现在答题时笔者会展开,给出详细的操作方案,涨粉速度也就随之提高了。总结以下,回答的内容一定要具体、翔实,让读者看完有所收获。

误区三:注册没几天就打广告

创作者和平台之间是互相成就的关系,即创作者必须先给平台提供优质的内容,获得用户认可,平台才能给予创作者认可。如果新账号注册后立刻就打广告,很容易会被平台禁言和封号,那么你的知乎之路可能还没开始就画上了句号。因此,我们在知乎注册新号后,要先认真答题,等积累了一定的粉丝后,再开始发布广告信息。

误区四:密集式答题

太频繁地回答问题,很容易触发知乎的反作弊机制,平台会误认为是机器的批量操作。有段时间笔者每天下午会集中回答三到五个题目,结果就被系统禁言。因此,在知乎中我们一天回答三个左右的问题就够了,而且最好能错开时间,如早上回答一个、下午回答一个、晚上回答一个,避免被系统误判,影响账号信誉。

3.5.3 如何选择题目

选题的眼光,将决定你的答案将带来1个粉丝还是1万个粉丝,笔者的一位学员今年注册了知乎账号,回答了二十多道题后,他发现每道题的涨粉效果参差不齐,哪怕有些题目看起来区别不大。他很疑惑,为什么会出现这么大的差异。

笔者把他回答过的题目仔细浏览了一遍,发现他答题的方式不对,导致有些题目虽写得非常好,可是涨粉效果不明显,甚至压根就没有点赞和评论。于是笔者帮他梳理了选题方法,他按照这个方法选题、答题,涨粉效果果然大有提升。

从该会员的案例中可以看出,决定账号涨粉效果的,除了我们的内容质量外,选题的能力也是非常关键的。那么,怎么判断一道题有没有回答的价值呢?注意以下三点就够了。

1. 回答这道题后,你是否有把握让排名靠前

先问大家一个问题,假设眼前有两道关于写作的题目,提问的内容差不多。第一题有300个关注,50个回答;第二题有3000个关注,1000个回答。你认为应该回答哪道题呢？

相信大多数人会选择回答第二题，因为第二题关注的人比较多。这种思路看似没错，但并不周全，虽然第二题的关注人数比较多，但是回答的人数也不少，对于新手来说，回答第二道题很大程度上会被淹没在众多答案中，根本就没有被读者看到的可能。所以，面对同样一道题，不同的账号有不同的选题方式。

如果是新手，建议回答第一题，虽然关注数不多，但回答数也比较少，这意味着回答的排名有机会冲入前列。曝光度对于新手来说是非常重要的，前期不要贪多，尽量选择一些有点关注量，但竞争不是很多的题目。很多人担心这种题目没热度，事实上知乎的热榜题目24小时就会刷新一次，很多现在看起来没什么热度的题目，可能在不久的将来会变成爆款。所以，如果你认为题目有成为热门的潜力，就不要犹豫，尽量回答。

如果你的粉丝已经过万，知乎的"盐值"也相对比较高，不管你选择哪道题目，都有可能获得不错的排名。因为你的账号权重已经比较高了，便有资本竞争排名。

2. 这道题与你的定位是否契合

很多人看到什么题目热门就回答什么，认为这样回答得越多越获取关注的可能性就越大。其实不然，一个优质的账号应该有自己的定位，如果你什么题目都回答，引流来的粉丝会不精准，账号内容也显得乱七八糟。更重要的是，对于知乎账号来说，不同领域有不同的权重分数，如果你回答的领域太多，就意味着你在每个领域的分数都不高。正确的做法是，我们要集中回答某一类题目，成为某方面的高分账号，这样以后再回答这类题目，权重分数会更高，排名更容易靠前。如图3-24所示的知乎问答，即为情感类答主回答情感类的问题，定位契合、领域一致，排名自然靠前。

图3-24　回答定位契合的问题

3. 这道题是否还有热度

很多人会忽略一个十分重要的选题因素，就是这道题目还热乎吗？我们可以打开这道题目的时间排序，看一下最近几天有没有人回答这道题，有没有人点赞和评论。在题目的右上角，有一个"按时间排序"的选项，打开之后就能看到最近的回答情况，判断这道题是否还有热度。如果还有一些点赞和评论，就可以判断这道题还有回答价值；如果这道题已经很久没人回答，最近的回答也没什么点赞和评论，那么就可以判定，这道题已经没人关注了。无人关注的题目，哪怕你的回答写得再精彩，也没人会看，这种题目基本可以放弃，不必再浪费时间回答了。

正确的选题步骤为：锁定领域内题目→观察关注度和回答数→选择时间排序，看看最近的回答和点赞评论数有多少→有陆续的点赞即可判断有回答价值，反之则舍弃题目。

3.5.4 如何提升账号"盐值"

在知乎有一种很奇怪的现象，明明有些回答的点赞数很高，却排在点赞数少的回答后面，难道知乎的回答排名不是按照点赞量吗？

知乎的排名机制比较综合，除了参考答案的点赞量外，还要看答主的知乎"盐值"，"盐值"越高，排名越靠前。没使用过知乎的朋友可能不知道什么是"盐值"，"盐值"可以简单理解为一个账号的内部分数，这个分数可以判断出账号的等级。此外，"盐值"也会影响知乎账号的功能权限，分数每提升一个级别，能够解锁的功能就更多。"盐值"对于账号发展有着非常重要的作用，那么，如何提升知乎的"盐值"呢？

2020年11月开始，知乎推出了新的计分方式，新规则的用意在于培养用户使用知乎的习惯，并利用计分机制促进内容的繁荣发展。知乎的计分方式，如表3-1所示。

表 3-1 知乎"盐值"计分表

计分内容	单次计分	每天上限次数	每日总分
收藏内容	10 分	5 次	50 分
邀请朋友答题	10 分	1 次	10 分
关注问题/知友/话题	10 分	5 次	50 分
赞同内容	10 分	5 次	50 分
每天搜一搜	10 分	5 次	50 分
写文章	50 分	1 次	50 分
提出问题	50 分	1 次	50 分
分享内容到微信/微博/QQ	10 分	5 次	50 分
答题/发布视频	50 分	2 次	100 分
阅读回答/文章/视频	5 篇/10 分	3 次	30 分
使用 App 时长	5 分钟/10 分	6 次	60 分
发表评论	10 分	5 次	50 分

比起过去一周更新一次的"盐值"，现在每天都能看到分数的增长，对于用户来说是一种及时反馈，有利于提升用户的成就感和活跃度，平台的用户黏性也会增加。

此外，平台这样的计分方式使用户明确知道自己每天要做的事情，明确路径，用户会更容易适应平台的规则，从中找到迅速升级的快感。

3.5.5 提升回答的吸引力

好的回答是知乎涨粉的关键，做到下面这四步，新手也可以在短时间内获得粉丝增长。

1. 重视配图

点开题目，人们最先接收到的信息不是文字，而是图片。因此，回答中可加入图片以吸引浏览者的注意力，然后加入文字进一步解释和说明内容，这会使读者点开文章细看的概率加倍提升。比如，在回答写作类问题时，笔者会把写作收益图放进去；回答生活习惯的题目时，笔者会把跑步、营养早餐的图片放进去。这样会给用户更强的视觉冲击力，让人觉得更有实用性和真实感。

另外，在回答区域每道题的内容都会折叠起来，一般只展示前三行的文字内容，如果有图片那么展示的空间将会大大增加，这样更容易抓住读者的注意力。

2. 设计好"凤头"

在成千上万的回答中，想要第一时间吸引读者的注意力，第一句话是非常关键的，需要用心琢磨和编写！毕竟答案都是以折叠方式显示，读者只有对你写的第一句话感兴趣，才有可能打开内容从头到尾看一遍。

那么，第一句话如何写更好呢？

(1) 数据法。比如，在回答"有哪些让你受益一生的书籍"的问题时，我们可以先用数据体现书籍的影响力，如"影响10亿人一生的必读书籍""100个名人联合力推"等。看完这组数据，读者肯定会对下面的内容产生好奇，进而点进去观看。反之，如果我们只是写上一句干巴巴的"这是我读过的最好的书籍，推荐给你"，其对读者的吸引力就会缺乏。

(2) 成绩背书法。回答某个领域的技术问题时，可先在回答中提一句自己在该领域获得的成绩，再分享经验，这样更有说服力。如回答学习经验时，你可以摆出自己的成绩，如凭借一套学习方法，你从一枚学渣逆袭到名校学霸，毕业后，又凭借着这套学习方法，自学了Photoshop、自媒体写作、视频剪辑等。这样的回答是不是让可信度提升了很多？

(3) 权威背书法。在回答问题之前，先引入某些已被公认为很有权威的专家或机构提出的理论。例如，在回答某个心理学问题时，先列出与该心理问题相关的知识，这样会让你的答案看起来更有权威性，使人更愿意信服。

(4) 干货法。知乎常见的开头方法就是体现满满的干货，让人忍不住一睹为快。比如"分享5个方法，6个思维方式，帮你少走10年弯路""这5个写作方法，让我从新手变成大号签约作者"……虽然这不是什么新鲜的办法，但确实很管用，笔者的很多高赞回答都是采用这个方法作为开头。

3. 设计好"豹尾"

心理学的"峰终定律"指出：一件事情最终给我们的体验如何，取决于高峰体验和结尾体验。在自媒体场景中，这个道理也是成立的，用户在看回答的时候，结尾往往决定了其对这道题的评价和体验，结尾不好，前面的回答写得再好也很难让人满意。因此，"豹尾"不容忽视。一个好的结尾包含以下几点。

(1) 总结升华。你的回答写了很多内容，用户看到最后可能已经忘了，这时候应该贴心地为他们进行总结升华，把核心内容提炼出来，方便用户记忆和理解。例如，最后我们再来回顾一下主要内容：第1点……第2点……第3点……

(2) 设置延伸阅读。延伸阅读就是利用跳转链接展示更多文章，这样可以进一步体现账号内容的体系化和专业度，增强专业形象。在设置延伸阅读的时候，应该把握3点：①内容的相关性，比如回答的题目是关于自媒体的，那么设置的延伸阅读也应该与此相关，这样用户才会感兴趣；②内容的多样性，即设置一些与回答相关的题目，再添加两个覆盖面比较广的内容，这样可以吸引不同的用户；③内容的认可性，尽量选择获赞比较高的题目，社会认可度高的内容更容易受到追捧。

(3) 用表情包引导点赞关注。用户是需要引导的，很多人看到一个不错的内容，都是默默点击收藏，然后就遗忘了。如果希望用户多点赞，就要设置话术去触发，如插入一个求点赞的表情包，或者添加一两句话体现你付出和用心的话语，增加点赞数。我们可以这么写："这篇文章是我花了2个小时整理的，码字不易，觉得有用的小伙伴点个赞鼓励我一下吧，祝好运！"

(4) 附上个人简介。建议大家设计一张自我介绍的图片，内容包含头像、个人标签、成就事件和价值展示等，放入结尾部分加深用户的认知，体现你的专业价值。在设计个人简介的过程中，要把优势数据化、案例化，同时体现服务和定位，让人过目不忘。

3.5.6 快速答题提升输出效率

想要答题，却找不到合适的题目？

觉得寻找题目的过程太消耗时间，干脆什么都不做了？

浪费了大量的时间寻找题目，结果一无所获？

在答题的过程中，这几种现象会出现在不同的人身上，以致让他们丧失答题的乐趣。如果我们每天都要浪费不少时间寻找题目，想必答题的热情也会大大降低。下面分享4个方法，帮你快速搜集题目。

1. 关注话题

知乎根据问题的内容做好了分类，如职场、情感、婚姻和时间管理等，每个话题下面集中归类了不少回答。因此，我们可以根据领域关注相关话题，从而找到适合的题目作答，如职场领域，可以关注"创业""成长""面试""辞职""找工作"这些话题，这样寻找题目的效率会高出不少。

2. 关注同行

跟随同行作答也是快速、高效找题的方法。例如，情感领域的作者可多关注一些情感号，看一下他们在回答什么题目，发现这些题目中有适合自己的就赶紧作答；职场领域的就去关注一些职场类账号，跟着同类作者答题，也可以快速发现我们的目标题目。

3. 搜索关键字

我们可以利用知乎的智能推荐机制，以寻找适合的题目。在知乎搜索栏输入关键字，然后进行浏览，知乎就会根据关键字推荐这方面的题目。例如，情感类账号可以搜索"婚姻""分手""挽回""脱单"等关键字；美食账号可以搜索"家常菜""煲汤""烘焙""美食""小吃"等关键词。

4. 看题收集法

知乎创作者需养成日常看题的习惯，即在平时浏览知乎时，如果看到适合作答的题目，可以先关注收集起来，等有时间答题了就可以将关注的题目找出逐一作答，这样不必花费额外时间寻找。

3.5.7 把回答转为视频形式

目前，知乎的视频正处于流量扶持期，即便是新号也能获得不错的阅读量。打开手机端主页，可以看到"发视频"这三个字(见图3-25)，点击进入选择你要发布的视频进行上传即可。

图 3-25　发视频功能

另外，知乎现在推出了把回答转换为视频的功能，点击我们的回答，开头会显示"转换视频"选项，点击就能一键生成视频效果(见图3-26)，保存上传即可。

图 3-26　生成视频功能

3.5.8　知乎涨粉技巧

涨粉并非一日之功，需要长时间的坚持。不过，除了自然增长之外，我们也可以借助"巧力"帮助账号快速发展，取得更好的涨粉效果。

1. 写爆款内容

爆款文章永远是自媒体涨粉的最佳方法，靠内容吸引来的粉丝不仅黏性强，精准度也非常高。至于如何在知乎中打造爆款回答，可以从如何选题、如何打造开头结尾，如何提升"盐值"几个方面入手，这里不再展开，还不清楚的朋友可以回顾前面的内容。

2. 寻找朋友

对于知乎这类智能分发平台而言，一个回答的点赞数和评论数越多，这道题的推荐范围就会越大，成为爆款的可能性就越高。因此，当我们对一道题目做出回答之后，可以邀请朋友对题目进行点赞和评论，通过人为流量刺激新一轮的自然流量。当然，这样的方法偶尔试用就好，用得次数多了，或者老是找同一个人给你点赞和评论，就会被机器识别出来。

3. 留下悬念引导点赞

笔者曾经用"小号"回答了一道情感类话题，这个号的权重不高，粉丝也才3000人，却连续一周获得排名第一，点赞1万多次。笔者用了什么方法呢？

笔者在第一次回答时写了20点建议，并且在末尾写了一句"有人看再继续更新，认同的点个赞让我知道哦！"就是这么一句话，却起到有力的助攻作用，不到一周就斩获了阅读量过100万的流量。

做内容要考虑读者的心思，如果将所有内容全部分享出来，读者便不会珍惜，只有慢慢地写，慢慢地更新，读者会更愿意给你点赞来换取更多内容。这有点类似"饥饿营销"，有时候我们要学会"卖关子"，给用户一个期待，引导读者先满足我们的要求，之后我们再提供更多价值。

3.6 自媒体平台运营方法：小红书

从事自媒体工作之前，笔者偶然接触过小红书，但只是把它作为一个吃喝玩乐"种草"攻略的社区。直到深入运营后才发现，小红书具备强烈的社交电商属性。作为小红书达人，可以匹配到无形的资源和机会，在平台的帮助下获得巨大的物质回报。

2020年春节期间，笔者在小红书平台涨粉5000多个，单次涨粉的最高纪录是一条写作方面的笔记，涨粉1000多个，从一个零基础的新人快速成长为小红书品牌合作人，解锁了软文推广和社交电商功能。

不久后，企业推广合作像雪花片一样纷至沓来，一周收到十多封寻求合作的邮件是常事。从众多的合作邀请中，笔者选择了品质过硬的产品进行合作，开拓了更多变现通道，并收到了很多商家赠送的大牌产品，比如口红、电动刷牙、旅行背包、科技产品，这让笔者看到了小红书巨大的商业价值和变现空间。

不过笔者认为，运营小红书最大的价值并不局限于物质回报，而是多维度的丰收。从生活用品来说，商家赠送的产品足以提升生活品质，节省一笔日常开销；从技能方面来说，把无形的产品亮点与功能转化为显性的文字，可以进一步锻炼文案营销能力；从个人品牌方面来说，成为小红书品牌合作人，可以带来更多的商业机会，打造高价值的个人品牌。

看到这里，你肯定迫不及待想要入驻小红书了吧？

先别急，运营小红书确实可以给我们提供多方面的好处，但并不意味着没有难度。如果没有经过深入的了解，就盲目入驻小红书，将难以打造长期、稳定的优势，甚至造成失败。何况，小红书对内容的限制和把关要比其他平台更加严格，只要稍有违规就很容易遭到封号。

本节我们就来重点学习小红书的运营方法，帮你避免误区，少走弯路。

3.6.1 小红书的特点

想要在小红书获得良好的发展，了解这个平台的特点是必修课。总的来说，小红书具备以下三个特点。

1. 平台的内容特征

在小红书平台，美妆、时尚、学习类内容都很受欢迎，但由于同质性的内容过多，所以竞争非常激烈。因此，想在小红书平台中取得优势，一定要在内容中融入个人特色，做到差异化竞争。

2. 平台的用户特征

小红书的用户大多为80后和90后的女性群体，男性只占了20%的比例。这些年轻的女性群体关注时尚潮流，热爱学习，追求积极向上的生活方式。因此，我们可以围绕这些特点进行内容的打造和呈现，继而抓住用户的注意力。

3. 平台的调性特征

在小红书平台，精致美观的视频和图片更能吸引用户，如果你是一个擅长制作视频或图片的高手，小红书将是你展现自我的舞台。因此，在入驻小红书前，应尽量掌握基础入门的视频及图片制作方法，并且在后续的经营中不断提高这方面的技能，以将账号做得更好。

3.6.2 小红书账号设置方法

账号的形象就相当于一个人的"颜值"，颜值好看，别人才愿意继续关注你。因此，千万不要忽视了账号的设置与打造，特别是以下几个方面需要注意。

1. 名字

小红书的账号名称可通过笔名加领域的方式来凸显自己的特色，原则还是三好：好记、好念、好搜。如果你在其他平台已经打造出个人品牌，那么小红书的账号名称最好也保持一致，这样可以增强用户的记忆，强化传播。

2. 头像

小红书的用户多为年轻女性，因此建议运营人员在设置头像时选择阳光漂亮的照片，这样可以快速吸引用户眼球，提升外形竞争力。

3. 个人简介

个人简介是进行自我介绍的黄金位置，应尽量突出自身特点，如写上你的创作领域、身份定位和联系方式等(见图3-27)。

由于小红书对推广营销的管理非常严格，因此在个人简介中不建议直接放微信号或公众号，会被检测出来并折叠。比较安全的方法是留下邮箱地址。

图3-27　小红书账号个人简介

4. 小红书号

小红书号也是引流的重要位置，可以将其改为你的微信号。不过，小红书号是账号的唯一凭证，修改机会只有一次，所以一定要考虑清楚再进行设置。

3.6.3　写出爆款笔记妙招

很多人都希望自己的小红书笔记能够引起用户关注，这样才能获得流量，进而涨粉、变现，以在小红书平台上获得更好的发展。笔者曾经花了半个月的时间专门研究小红书上各个领域的爆款笔记，总结了一套行之有效的方法，在实际运用中也确实取得了不错的成效。下面分享5招可复制的爆款笔记制作经验，新手也可以快速上手。

1. 布局关键词

小红书作为一个"种草平台"，很多用户都喜欢在上面搜索各种各样的攻略，因此用户的操作方式一般是打开首页，输入领域关键字，通过搜索获取需要的信息。了解用户的使用习惯后，就可以采取对应的关键字布局。以美妆领域为例，某用户想通过小红书了解什么身体乳适合干性皮肤，因此她输入的关键字可能是"适合干皮的身体乳"，于是"干皮""身体乳"就是关键词；再以"自媒体"领域举例，当一个新手想要学习自媒体写作，他可能会输入关键字"写作变现""投稿赚钱""文案方法"；以摄影领域为例，用户在搜索时可能输入"适合新手的入门相机""如何拍好人像"等关键词。

首页搜索占据了70%的流量入口，我们应该去推演用户的搜索行为，然后确定关键字，设计小红书笔记就会更有重点和方向，也更容易抢占到关键字的优先排名。当用户输入某个关键字时，就会找到我们的笔记，以此提升笔记内容的展现量和阅读量。

2. 做好排版优化

你遇到过这种情况吗？当你打开一篇文章，却发现排版乱七八糟，文字密密麻麻堆在一起，给人一种强烈的阅读压力。

糟糕的排版不仅拉低内容的档次，还容易给读者造成"作者不用心，内容必定不好"的心理感受，你希望用心编写的内容受到这样的冷遇吗？

七分内容三分排版，好的排版就是对内容最好的包装，可以给用户更好的体验。不过由于小红书没有完善的排版工具，只能靠自己想办法了。可以按照以下的方法对内容进行排版布局。

(1) 用符号或者表情包换行。

(2) 在句子的开头加入表情包。

(3) 小标题自成一段，每写两行字便换行。

通过这样的设置，可以使小红书笔记看起来更干净利落，有留白空间，读起来也没那么累(见图3-28)。

3. 加入热门话题

编写完小红书笔记，先别急着发布，还有一个重要步骤需完成——添加热门话题。一般小红书会自动给笔记推荐相关的话题，但还是建议作者手动搜索，尽量找一些热度高的话题进行添加，曝光度会更好。比如发表的笔记是关于英语学习的，那么可以搜索"英语"或者"学习"相关的话题，然后选择一个最热门的进行添加(见图3-29)。

图 3-28　排版后的小红书笔记

图 3-29　添加热门话题

4. 添加标签

给小红书笔记添加图片时，要记得添加标签，也就是这条笔记是关于什么主题的，这样方便平台给这条笔记进行归类推荐。

比如，一篇关于如何投稿变现的笔记，添加的标签可以是"学习""投稿""自媒体"，也可以是"副业"，反正只要与之相关的标签都可以添加(见图3-30)。一般添加3~5个标签就可以，有利于用户通过关键字发现笔记。

图3-30 添加标签

5. 封面醒目且信息丰富

小红书是一个视频与图片热度远大于文字的平台，在首页浏览的时候，图片的吸引效果、占据的面积，都要远远大于文字(见图3-31)。毫不夸张地说，封面图决定了小红书笔记的打开率，封面有吸引力，打开率将大大提升，封面没有吸引力，打开率就会寥寥无几。很多人认为自己的笔记不错，但点击量却很差，这时就需要注意是不是你的图片不足以引起用户的关注，没有令人点击的欲望。

那么，如何设计一张吸引人的封面图，有效提升笔记的打开率呢？

(1) 给封面图添加文字标题，增加主题吸引力。

(2) 封面图的色彩要鲜艳且元素丰富，契合小红书用户的审美特点，如增加贴纸、表情包和涂鸦等。

(3) 加上小红书账号的标识，以及个人的美照，强化品牌形象。

图3-31 小红书中醒目的封面

3.6.4 小红书中增加点赞和评论的方法

"为什么我的内容写得挺好的，但就是没什么点赞和评论呢？""某某人的笔记跟我写得差不多，为什么她的数据那么好，而我的数据那么差呢？""每天都很认真地分享小红书笔记，但长时间的坚持并没有获得任何回报，不知道问题出在哪？"笔者经常会收到这样的留言。客观来说，数据不好大多是因为如下这5点。我们可以针对这几点检查自己的文章是否存在问题并加以改进，增加点赞和评论量。

1. 违规被限流

如果你之前的笔记数据一直不错，最近发现数据变差了，无论发什么都没有起色，很可能是因为你的账号违规被限流了。什么情况会触发平台的违规机制呢？频繁回复粉丝微信账号的；成为小红书品牌合作人后频繁接广告，如10条笔记超过5条都是广告；还没有获得合作人权限却私下接广告的；到别人的笔记下面留下不文明用词或者留下引流话术被举报的，这些行为都有被限流的风险。

运营小红书时，我们应尽量避免发布上述这些容易触发限流机制的言论和内容。

2. 内容没有价值

很多用户在运营小红书的过程中，喜欢把它当成朋友圈，与闺蜜喝奶茶要发小红书，今天打卡了某个网红景点也要发小红书，总之任何事情都要发到小红书上，完全没有对内容的合理规划和垂直聚焦，读者看完你的账号都不知道定位是什么，也得不到什么收获，小红书平台也不知道应该把你的内容推荐给哪类用户，这样无论你以后发什么内容，都没有流量。

我们要明白一个道理，用户关注的是内容的价值。你的内容可以让我会心一笑吗？可以让我学到新知识吗？可以让我有分享的冲动吗？如果你的内容都是从自我的角度出发，只顾自己，却不关注用户所需，用户看完也没有任何触动，那么你就不可能获得正向反馈。

因此，在分享小红书笔记时，要学会站在用户的角度思考，这条笔记可以让用户获得什么价值。当你为用户提供了价值，用户就会有所回馈，为你的内容点赞、留言，以增加笔记的热度。

3. 封面图缺乏吸引力

前面讲过，在小红书平台封面图片决定了笔记的打开率。如果你的图看起来非常平淡，既没有丰富的色彩，也没有吸引人的文字表达，那么就很容易被读者忽视。

我们在开始策划小红书账号之前，最好先看一下爆款笔记的封面图有什么特点，都在用什么关键字，看多了自然就能发现共性和规律，制作图片的时候就清楚应该加上什么元素。

4. 缺乏关键词

小红书笔记偏向短、平、快，最多只能容纳1000个字，很多人为了省事就写几个字，其他都是发一堆图片，这样你的内容根本无法覆盖到有效的关键字，很难被用户看到并发现。

因此，在发布小红书笔记之前，要检查文案里有没有夹带关键字。比如职场面试笔记就要多次出现"面试""找工作"这些关键字，最好在开头、中间和结尾反复出现，增加关键字权重。通常来说，一条小红书笔记写满500字更容易获得推荐。

5. 权重太低

权重也就是一个账号的等级分数，新号的权重是比较低的，随着内容的深耕和时间的推移，账号权重就会慢慢培养起来。新账号的笔记数据不乐观，不一定是没有流量，可能是权重太低了，流量扶持不明显。

这种情况下，需要我们耐心等待、坚持内容更新，可以增加发布频率，坚持日更，先把账号权重提上来，再追求流量。对于新手来说，只要把笔记内容优化好了，排版美观，假以时日就可以把账号权重和粉丝量提上来，到时候内容获得更多的点赞和留言就是水到渠成的事情了。

3.6.5 小红书中发布视频笔记的方法

这几年视频行业发展得如火如荼，小红书平台也对此做出一定的流量扶持，很多图文领域的作者也逐渐开始涉足视频领域。如果想在小红书平台保持热度，我们也要跟紧趋势，尽早做好视频方面的布局和运营。

在小红书平台发布视频笔记的方法，如图3-32所示。

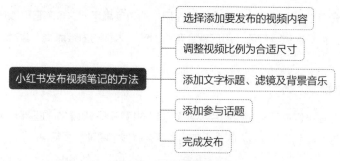

图3-32 小红书发布视频笔记的方法

发布小红书视频之前，最好先用剪映App做好处理(见图3-33)。由于小红书的视频编辑要求相对比较简单，剪映App可以满足其大部分需求。视频处理好之后，加上标题便可上传到小红书。

图 3-33　用剪映 App 做好视频处理

3.7　自媒体平台运营方法：简书

对于刚刚起步做自媒体工作，还找不着定位的朋友而言，简书是一个非常好的创作平台，它对内容的要求比较宽松，无论是发布一首诗、一张图片、一篇短文，还是一篇长文都可以，让你随心所欲地进行内容创作。

简书平台的用户主要分布在一二线城市，年龄多为20~35岁，男女比例较为平衡。根据调查统计显示，截至2019年，简书用户约为1000万人。

3.7.1　简书的内容偏好

在简书平台，自媒体运营人员可以专注编写下面这几类文章，只要言之有物，文章是比较容易上热门的。

1. 干货文

一般来说，教给别人方法和经验的文章，在简书的点击数据都非常高，如"我是怎么在大学期间赚了10万元的""怎么靠写作赚稿费""职场小白怎么快速晋升""怎么读书才能记得又快又好"等。简书用户大多处于职场上升期，自我提升的需求比较高，因此能够提升认知、学习经验的干货文自然更有市场。

2. 鸡汤文

鸡汤文在简书平台也是比较受欢迎的，现代人的生活压力都比较大，工作、生活都很累，很多人都需要从互联网中找到一点慰藉，给迷茫和焦虑的心灵注入新的动力，这时鸡汤文就起到了重要的作用，受到越来越多读者的青睐。

3. 情感文

现代人的生活质量普遍提升了，当生理需求和安全需求这些基本的需求得到满足后，人类便开始追求精神层面的需求，也就是社交归属感。

小时候我们需要父母的亲情，年少时我们需要朋友的友情，成年后我们需要伴侣的爱情。在人生的每个阶段，感情就像涓涓细流，润物无声，却格外有力量，不断地滋养我们的生命，浸润我们的心田，这种内在的需求使得情感文有非常稳固的群众基础。

情感是人类共同的需求，不分肤色、不分地区、不分性别、不分年龄，只要是人，就需要从外界建立社交关系，需要情感支持，需要情感归属。情感文有着非常广阔的自媒体市场，基本覆盖了所有群体。

3.7.2 简书的优势

每个平台都有自身特有的优势，那么简书有什么优势呢？根据实践经验，笔者总结了以下三点。

1. 对领域没有限制

在简书平台写作比较自由，没有明确的领域规定，想写什么内容都可以。这对于新手来说有个极大的好处，就是可以通过在简书发布内容，进行写作方向的探索和试错，直到明确自己的写作方向后，就可以聚焦一个领域发力，从什么都写的全能选手切换到术业有专攻的专家型选手。另外，在简书平台即便你发布的内容比较杂乱，也不会影响账号的发展。

2. 对字数没有要求

许多平台对于新手期的写作有要求，比较多的是以字数作为衡量内容优劣的指标。简书平台的要求比较宽松，不管你的文章是300字还是3000字都可以，非常有利于新手起步。如果刚开始写作达不到几千字，我们就可以选择在简书平台练手，从每篇500字开始，坚持半个月后，提升到1000字，再慢慢提升到1500字，甚至2500字，这样写作压力就不会那么大。

3. 编辑工具比较简单

有些人可能对手机和电脑的操作没那么熟悉，面对复杂的编辑工具会感到十分头痛，那么简书非常适合你。简书的编辑工具比较简单，即便不懂排版的人也可以轻松驾驭，帮助你跨出写作发文的第一步。

3.7.3 简书发文步骤

在简书平台发布文章的步骤，如图3-34所示。

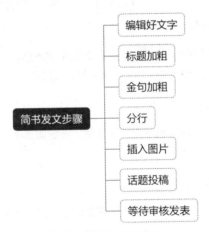

图 3-34 简书发文步骤

> ⚠ 提示
>
> 在简书发文需要注意以下两点。
>
> 第一，先将文章首发在有原创要求的平台。简书没有原创权限，文章很难获得版权保护，辛辛苦苦原创的文章，没人希望内容转眼就被搬运"洗稿"。为了避免版权纠纷，我们可以选择把文章首发在有原创保护的平台，如公众号、头条号、百家号，然后在24小时内同步到简书，这样可以有效地保护原创权限。
>
> 第二，积极参加简书的写作活动。简书会不定期发起话题写作活动，作品入围或者获奖的作者有机会到简书的内部作者社群进行写作经验分享，这样就可以在编辑的协助下获得更大的曝光度，提升涨粉效率。

3.7.4 简书引流方法

很多人希望能够从简书引流涨粉，但由于方法不对，很容易被平台删文，甚至封号，怎么引流才比较安全呢？

1. 逐一发私信

在刚开启简书的新手阶段需要运营人员辛苦一点，与关注你的粉丝逐一私信，引导对方添加你的联系方式。可以给粉丝这样留言：我是××，擅长解决某个领域的问题，如果有需求可以找我，为了感谢你的关注和支持，欢迎添加我的联系方式，备注"某某"即可领取15本价值380元的电子书，仅限50个名额。

在新手阶段，我们只有付出时间才能换取粉丝资源，等有一定的知名度了，粉丝会慕名而来。这里要强调的是，为了安全起见，每次私聊的粉丝数量不要超过10个，可以间隔两小时再私聊下一组。

2. 打赏语中设置引流话术

简书文末可以开启打赏功能，我们可以在打赏语中设置引流话术，这样不容易被平台系统检测出来。打赏语可以这么写：关注公众号×××，领取福利。

3. 在个人资料中留下福利诱导

简书平台对用户的个人资料审核不是特别严格，在这里留下个人介绍的同时，还可以用福利吸引更多人关注公众号。

4. 在文章开头留下公众号引流

想在简书平台中用留下公众号的方式引流还是比较难的，因为很多引流话术都会被平台检测出来。不过经过笔者实践发现，有一个话术模板是比较安全的。例如，"文章首发公众号【苏乐爱写作】，专注分享职场思考和自媒体干货"，这句话起到了一语双关的作用，既表明了首发平台，又宣传了自己的公众号，既起到了引流的效果，又不会引起平台的打压。

3.8 自媒体平台运营方法：百家号

百家号是百度孵化的内容平台，集流量变现、内容生产、粉丝管理于一体。目前，百家号支持的内容形式丰富多样，图文、视频、音频、直播、专栏和圈子等一应俱全，给了创作者很大的发挥空间。

3.8.1 百家号的特点和优势

在众多自媒体平台中，百家号具备得天独厚的优势，不仅在百度占据着非常高的搜索权重，流量单价也特别高，平均一万次阅读量收入在20~30元，具体看粉丝阅读情况、账号权重和是否获得原创标签。想要从百家号获得较高的收益，需要深入了解百家号的运营机制和粉丝特点，从而打造出与平台调性相契合的内容。

根据笔者的经验和测试，在百家号最受欢迎的内容非情感热点文莫属，这与平台的粉丝画像有着密不可分的关系。百家号的受众多为三四线城市的下沉用户，这些读者更热衷社会新闻和时事热点，对干货类的内容反而不那么关注。掌握了平台的特点和属性之后，就知道什么内容在百家号会比较火爆(见图3-35)。

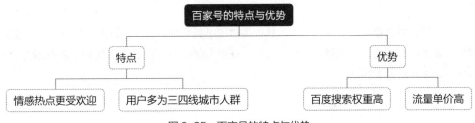

图3-35 百家号的特点与优势

3.8.2 百家号常见的变现方式

了解百家号的平台属性后，还需要了解百家号的变现方式，从结果出发，用以终为始的思维去做平台的规划路线。那么，你了解百家号的变现方式吗？

1. 流量收入

流量收入和内容的点击量是直接挂钩的，内容点击量越大，流量收入越高。笔者在百家号有过一篇阅读量76万次的爆款文章，两天收入1800元，可见爆款文章的收入非常可观。

那么，同样的阅读量，是否收入都一样呢？当然不！

不同的账号，等级、原创权限和粉丝阅读情况不一样，得到的收入也不相同。

2. 自荐补贴

获得原创标的账号，每周有两次图文自荐的机会，自荐成功的内容可获得100元的保底补贴。举个例子，如果你有一篇自荐成功的文章流量收入只有50元，剩余的50元，平台会补贴给你，但如果你这篇内容的流量收入已经超过100元，那么平台就没有额外的补贴了。这种保底补贴的政策保障了新手的收入较为稳定，给足了新号福利。

3. 专栏收入

专栏收入指的是在百家号开设自己的课程，价格可以自由设置，专栏收入等于销售额乘以单价。销售额越高，单价越高，收入也就越高。开通专栏需要较高的门槛，发展形势好的账号通常会收到平台的开通邀请，而开通专栏后打造好的内容才是提高收入的关键。

4. 电商收入

电商收入就是在发布的内容中插入相关的淘宝商品或者专栏赚取佣金，分销订单和收入成正比。一般来说，这种方式需要创作者具备选品能力和输出能力，可以多研究带货爆款文章，寻求规律提升销量。

3.8.3 百家号中如何通过新手期

如果想在百家号平台运营自媒体，我们需要通过新手期并转正，转正后账号发展可以获得每天发文数量不受限、流量收入翻倍增长、获得原创权限、开通自荐功能获得保底收入等好处，具体权益见图3-36。

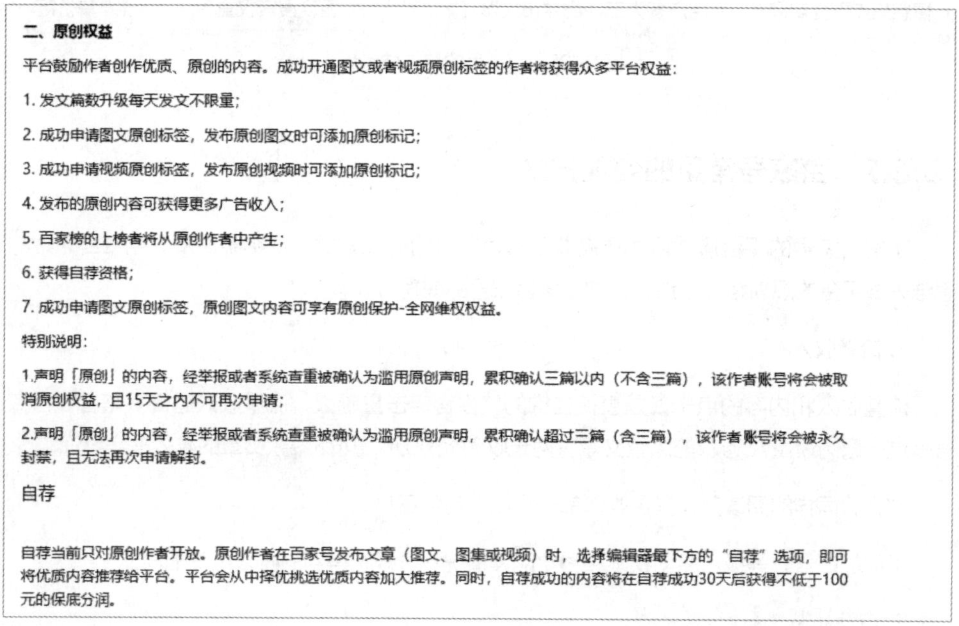

```
二、原创权益
平台鼓励作者创作优质、原创的内容。成功开通图文或者视频原创标签的作者将获得众多平台权益：
1. 发文篇数升级每天发文不限量；
2. 成功申请图文原创标签，发布原创图文时可添加原创标记；
3. 成功申请视频原创标签，发布原创视频时可添加原创标记；
4. 发布的原创内容可获得更多广告收入；
5. 百家榜的上榜者将从原创作者中产生；
6. 获得自荐资格；
7. 成功申请图文原创标签，原创图文内容可享有原创保护-全网维权权益。
特别说明：
1.声明「原创」的内容，经举报或者系统查重被确认为滥用原创声明，累积确认三篇以内（不含三篇），该作者账号将会被取消原创权益，且15天之内不可再次申请；
2.声明「原创」的内容，经举报或者系统查重被确认为滥用原创声明，累积确认超过三篇（含三篇），该作者账号将会被永久封禁，且无法再次申请解封。
自荐
自荐当前只对原创作者开放。原创作者在百家号发布文章（图文、图集或视频）时，选择编辑器最下方的"自荐"选项，即可将优质内容推荐给平台。平台会从中择优挑选优质内容加大推荐。同时，自荐成功的内容将在自荐成功30天后获得不低于100元的保底分润。
```

图3-36 转正后账号权益

只有通过新手期，才能在百家号平台上取得较高的收益。因此，通过新手期是在百家号获得收益的关键一步。那么，新手想要通过新手期，到底应该怎么做呢？

从后台的操作指南可以看到，只有同时满足两个条件，才能快速通过新手期的考核：第一是百家号指数达到500分；第二是信用分为100分。听起来好像挺难的，但实际上要满足这两个条件非常容易，只要按照平台中给出的规则分步骤操作运营，就可以快速通过新手期（见图3-37）。

新手期

一、为什么要设立新手期？

新入驻百家号的作者难免因对平台的规定不甚了解而发布一些违规低质内容，而百家号平台生产的内容，会被分发给成千上万的用户。为了对读者负责同时也为了平台的良性运营，新入驻的百家号作者需要经历新手期的考验，通过新手转正的作者将获得广告分润等更多权益。

二、新手期作者权益

新手期间作者可以使用发布图文、图集和视频的基础功能，且每日可发文5篇，发布内容未通过审核，依然会消耗每日发文数量。

三、新手期转正标准

(1) 百家号指数≥500分。

(2) 信用分100分。

同时符合以上条件的账号可在"我的权益"页面主动发起转正申请，进入人工审核。人工审核将根据作者发文数量、文章质量、活跃度等因素进行审核，优质新手账号可通过转正审核。转正申请被拒后需要再次申请转正时，需要重新成功发布5篇内容且满足上述指数分和信用分标准。（特别说明：除正常申请外，百家号会根据账号及文章各项数据定期挖掘优质的新手账号，邀请转正）。

图 3-37　新手期的转正标准与规则

1. 关于提升账号指数

账号指数是围绕内容质量、用户喜爱、原创能力、领域专注和活跃表现5个方面综合评估的(见图3-38)。因此，想要提升百家号指数，就必须从这5个方面下功夫。

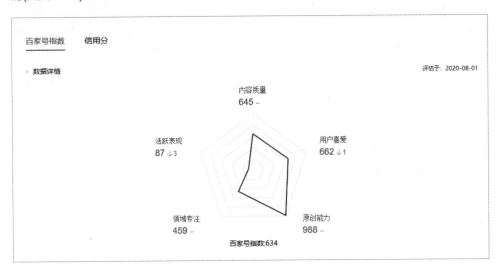

图 3-38　账号指数

(1) 注重内容的原创度，杜绝一切抄袭和"洗稿"行为。

(2) 保持活跃度，时间充裕的朋友尽量保持每日更新，时间比较紧缺的话，至少也要保持一周3次更新。

(3) 注重垂直度，围绕专业领域写稿，如果在职场领域就一直写职场方面的内容，若选择情感领域就保持写情感类文章。

(4) 善于引导粉丝评论和关注，提升粉丝的互动积极性。

(5) 注意阅读数据的变化和动向，找到规律后，写出击中读者痛点，能够引发读者情感共鸣的优质文章。

2. 关于信用分

在百家号平台，信用分是评估一个账号是否能够健康发展的指数标准，如果信用分低至一定分值可能导致账号作废。因此，自媒体运营人员要了解平台的底线，遵守规则，避免潜在的风险。下面这些行为，很容易触碰到平台底线，从而被扣分。

(1) 发布旧闻。

(2) 发布二维码和微信号。

(3) 发布政治敏感话题。

(4) 发布低俗图文。

(5) 发布带着其他平台水印的图片。

(6) 发布谣言或者任何不实言论。

需要提醒大家的是，新手期是一个比较煎熬的过程，尤其是辛辛苦苦写了文章却没有收获理想的数据，或数据忽高忽低时，很多人都会放弃。我们应学会调整自己的心态，理智看待，从数据反馈中不断复盘和总结规则，找到正确的方法，问题就能迎刃而解。要知道，哪怕是如今最知名的作者也是从新手一步一个脚印走过来的。

此外，账号指数并非一个固定值，它会随着创作者的表现不断变动，上个月账号可能还是600分，但是下个月内容断更了，综合分就会直线下降，一旦低于500分，账号就得再次经历新手期的考核，这非常考验创作者持续输出的能力，以及稳定发挥的状态。

世上没有一劳永逸的捷径，无论你曾经取得什么成绩，都需要持久的努力和坚持。如果把自媒体比喻成一场跑步比赛的话，最后的赢家不是一开始就跑得快，跑得好的，而是坚持把全程跑完的。

3.8.4 百家号中如何打造爆款文章

打造爆款文章是自媒体在百家号平台提高收入的主要方法。结合笔者的经验，下面总结了3个产出爆款文章的方法。

1. 紧跟热点从独特的角度切入

想要打造爆款文章，紧跟热点是一个比较取巧的方法。热点天然有着更高的关注度和流量，只要找到热点与写作领域的结合点，就能快速抓住读者的注意力，提升读者的参与积极性。热点内容是用户之间最好的社交货币，很容易刺激用户转发和分享，产生以点带面的传播效应。

2. 及时转发社群和朋友圈

从百家号的推荐机制来说，文章发布初期的阅读量越高，读者的点赞和评论就越热烈，就能反过来促进内容进入更大的流量池，获得更多的推荐量，从而提升内容的点击量。为了让文章获得更多的流量，运营者可以把内容转发到朋友圈和社群，提升内容的热度，让数据快速增长起来。

3. 及时回复粉丝

粉丝留言一定是期待得到回复的，因此要第一时间与其互动，哪怕是不太友善的留言，也要文明礼貌地回复他们。这样做不仅是为了提升粉丝的忠诚度和对账号的美誉度，同时也是为了提升内容的热度，内容下的留言越多，文章的热度就越高，能促使平台把内容推荐给更多陌生人，大大增强内容的曝光度，这样一来，要成为爆款文章就会容易很多。

回复粉丝的时候，千万不要用敷衍的语气，要像和朋友聊天一样与粉丝互动，这样才能让粉丝感受到你的真诚与热情，粉丝才会在你身上倾注更多的时间和精力，才能把普通粉丝升级为忠实粉丝。以后不管发什么内容，都会得到粉丝的高度认可，甚至主动把账号推荐给身边的朋友。

自媒体时代，创作者提供给粉丝的不仅仅是内容传递，还应该是一种精神沟通，一种情感归属，前者是用内容圈粉，后者是靠人格魅力圈粉。

第 4 章

内容为王
轻松打造优质的原创内容

如今是内容为王的时代,创作者如果没有持续输出原创内容的能力,则很难在自媒体平台获得长远的发展。本章将介绍一套行之有效的方法,帮助创作者轻松高效地打造原创内容。

4.1 高手们都在使用的写作方法

内容是自媒体的根本，少了好的内容，再多的运营方法和技巧都是徒劳。因此，若想要在自媒体领域取得长远的发展，则必须懂得如何打造优质的内容，提升自己的写作能力。想要做到这点，就得在平时养成记录的习惯。

4.1.1 养成随时记录的习惯

曾有人问维珍集团创始人理查德·布兰森，对他来说什么物品是最重要的？

他的回答出人意料："听起来也许很可笑，但我总会在背包里放一本小小的笔记本。我旅行时，首先想到带在身边的是这个笔记本，没有这一页页纸，我绝不可能将维珍集团扩建到如今的规模。"

随身携带笔记本，随时记录自己的工作感想和灵感，这就是著名的"维珍效率法"。

日本的一位年轻人在他21岁那年，在本子上记下自己的梦想——希望15年后能够看到自己的公司股票上市。15年后，他的愿望成真了，有人问他，你的成功秘籍是什么？他回答："是一个笔记本成就了我。"这个人就是熊谷正寿。

从一个籍籍无名的辍学青年，到日本著名企业家和畅销书作家，熊谷正寿的成功秘籍正是一个不起眼的笔记本。他在自己的畅销书中提到，他把笔记本分为三种，分别是梦想笔记本、行动笔记本和思考笔记本，这三个笔记本见证了他的改变与成长。可见，养成随时记录的习惯，对于一个人的命运有着巨大的正面力量。

想要成为成功人士，不妨从学习他们的记录习惯开始，尤其是写作者更需要具备这样的良好习惯。毕竟灵感就像珍宝一样可遇不可求，如果不加以记录，灵感就如同水分一样，随时会从我们身边悄悄蒸发掉。纵观古今，很多名人、作家都养成了随时记录灵感的习惯，出门都会随身携带一个笔记本，以便记录随时在脑海中浮现的念头。

为什么那么多名人都喜欢记录呢？因为养成这种习惯，工作会变得轻松高效，需要写什么选题，拿出记录内容一看，马上就有了很多选择。刚刚想到什么内容，怎么突然就从脑中不翼而飞了呢？拿出记录内容一看，马上就得到了清晰的线索。在思考这条新闻可以延伸出什么选题时，记录的过程会促使创作者主动思考，从而获得更多灵感。

总之，记录的好处非常多，养成随时记录的习惯，做一个高效的创作者吧！

4.1.2 记录创作灵感的方法

随着科技的进步，我们的记录工具逐渐多样化，现代人更青睐于利用手机软件记录灵感，手机可以随时满足我们的使用需求。无论你喜欢使用笔记本、电脑、手机还是其他电子产品作为记录灵感的渠道都不是重点，更重要的是记录灵感的方法。记录创作灵感的方法，如图4-1所示。

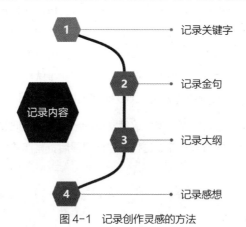

图4-1 记录创作灵感的方法

1. 记录关键字

养成记录习惯是为了使写作更加高效，因此并不需要长篇大论，只要自己能够看懂，明白记录的内容代表什么意思即可。

当创作者没有太多时间仔细思考一个选题，但又觉得这个想法不错，值得花费时间去深挖时，可以先用一个关键句或者一个关键词把它记录下来。通过这样的方式，还可以加深创作者对这个选题的理解。

> **文案教学——记录关键词的技巧**
>
> 比如笔者之前看到一位女明星结婚后变得低调了，有种洗尽铅华、岁月静好之感。比起之前的高调，似乎现在的生活更适合她，也更加幸福，因此也扭转了大众对她的看法。
>
> 当时笔者的脑海里冒出了一个词——松弛感，于是笔者就在手机软件记下了文章的选题——最高级的幸福，就是活出松弛感。

2. 记录金句

阅读的过程中，看到不错的句子要及时把它记录下来，平时没事时可以翻阅，加深对这些金句的印象。同时还要拆解这些金句，分析它们到底好在哪里，是什么打动了你？是这个句式特别对仗，富有音律美和结构美；还是因为这个金句说中你的心事，富有内涵，能够引起情感共鸣。

好的句子能够使文章锦上添花，提升内容的质感和层次。因此，在平时可以多记录和感受优美的句子，提升自己对内容的审美能力，在潜移默化间提升写作素养。

3. 记录大纲

你有写大纲的习惯吗？

成熟的作者一定有写大纲的习惯，即使他没有写出来，也会在脑海中默默构思，直到确定这篇文章有了充足的素材和思路，才会坐下来把内容写成文字。但是，新手大多缺乏写作大纲的意识，认为没有这个必要，往往是写作热情来了就不加思考地写作。这样写出来的文章往往经不起细看和探究，而且还会出现一种情况：写到一半就写不下去了，这样的次数多了，非常打击写作信心。这种习惯看似用功，其实很难写出一篇比较优质的文章。

因此，在有了写作灵感时，可以先考虑这篇文章的结构脉络，把文章的大纲写出来，等有了充足的时间，再撰写全部内容。养成这样的写作习惯后，写作才会变得顺畅，写出来的文章也会更加优质。

文案教学——记录大纲的技巧

以《最高级的幸福，就是活出松弛感》为例，可以这样记录大纲。

故事1+论点1

故事2+论点2

故事3+论点3

总论点升华

---

4. 记录感想

新闻热点也好，公众号文章也罢，总会有一些内容特别触动我们，让我们有一吐为快的冲动。这样的表达欲就是最好的写作素材，应该及时把它记录下来，再通过周全的思考把它打磨成优质内容。

4.1.3 常用的手机记录工具

所谓工欲善其事，必先利其器。想要养成良好的写作习惯，就需要一些好用、顺手的记录工具。下面分享3个手机记录工具，大家可以结合自己的需求进行选择。

1. 讯飞语记

讯飞语记支持加入图片、录音、链接和附件功能，方便用户添加与主题相关的素材，还能帮助用户把文字转换成图文、语音和文件，功能强大，排版简单，满足了用户不同的场景需求。

2. 印象笔记

如果讯飞语记是一个基础版的记录工具，那么印象笔记就是一个高配版的记录软件。在功能编辑方面，印象笔记更加专业、丰富，各种各样的图片模块可以任意选择，分类也更加细化。当然，它的操作也会更加复杂一些。

3. 发送给自己的微信

如果只是简单的记录，而且是当天必须完成的内容，可以简单编辑发送到自己的微信账号。这同样可以达到记录的效果，还能随时随地进行编辑。

4.1.4 快速调取信息的方法

记录的时间长了，各种信息肯定会杂乱不堪，找素材的时候就像大海捞针，费时费力不说，还不一定能够实现目的。好在很多软件已经做得非常智能，只要在搜索栏输入关键字，就能准确无误地找到想要的信息。例如，想要搜索之前记录的"稻盛和夫接手日航"，直接输入"稻盛和夫"便可快速检索到相关信息。

当然，要做到这一点，就必须在平时做好内容的分类和管理。否则，到了需要的时候，就可能会陷入杂乱无章的局面。

4.2 语音写作，让原创输出更轻松高效

对于长期写作的人来说，提升写作效率非常重要。很多新手刚接触写作时，写作效率不是很高，究其原因，一方面是缺乏积累，另一方面则是缺少好的写作工具。如果能够找到一款省时省力的写作神器，写作效率必然会提升很多，节省下来的时间，可以用来完成其他工作。

4.2.1 讯飞语记语音写作

打字慢，没时间写作怎么办？这是很多人都会遇到的写作问题，其实解决这些问题的方法很简单——用讯飞语记语音写作。为什么推荐这款写作软件呢？因为笔者自己就是一个最大的受益者。笔者使用讯飞语记快2年了，平时想到的任何灵感都会记在上面，哪怕只有只言

片语。有时候电脑不在身边,但又想要写点什么,此时讯飞语记就是最好的输入工具。讯飞语记的优势,如图4-2所示。

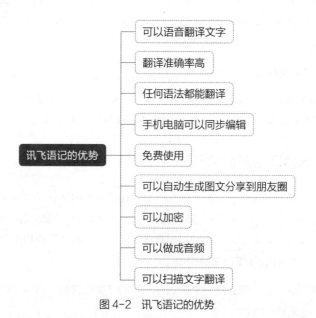

图 4-2　讯飞语记的优势

4.2.2　语音写作的好处

为什么会推荐大家用讯飞语记进行语音写作呢?除了这款工具确实非常好用之外,语音写作带来的好处也是显而易见的。以下总结了5个语音写作的好处,如图4-3所示。

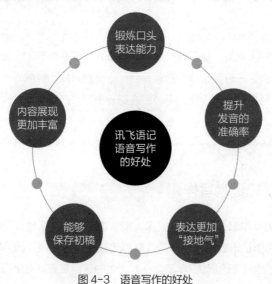

图 4-3　语音写作的好处

1. 锻炼口头表达能力

你是否羡慕那些出口成章，且表达流利的人？口才是可以通过后天练习逐渐提升的，利用讯飞语记将语音转换成文字就是最好的练习机会。

2. 提升发音的准确率

只要发音标准吐字清晰，讯飞语记对语音翻译的准确率会很高，但如果吐字含糊不清，发音没有力量，翻译可能就不那么准确了。这就要求创作者吐字必须清晰，语音爽利。创作者锻炼得多了，便可以拥有一口标准的普通话。

3. 表达更加"接地气"

因为是采用语音输入，所以内容的遣词造句会变得更加平实易懂。对于自媒体写作而言，通俗易懂的内容更容易获得读者的好感和认可。

4. 能够保存初稿

讯飞语记的内容会自动保存，能比较容易地找到之前的内容，且可以为将来出书或者讲课留下初稿。

5. 内容展现更加丰富

讯飞语记除了可以进行文字和语音录入，还可以自动生成长文，且有简单的编辑工具丰富排版布局，便于上传朋友圈或者自媒体平台，甚至还支持将文字转为音频。从这一点来说，讯飞语记所提供的内容形式更加丰富多彩。

4.2.3　使用讯飞语记的方法

首先，在手机商城下载"讯飞语记"APP，然后打开软件，选择语音输入进行录音(见图4-4所示)。软件会自动将语音翻译成文字形式，调整错别字后就可以保存了。

图4-4　讯飞语记语音输入

4.2.4 使用讯飞语记的注意事项

第一次使用语音写作时，很多人会不习惯，这是很正常现象。笔者刚开始用语音写作时，也感到难以适应，慢慢习惯后发现用这种方式写作，确实能省下不少时间，状态好的时候，十五分钟就能写一万字，通过不断练习，错别字也越来越少了。

养成一个新习惯需要耐心，切莫操之过急，下面分享 4 个可以更快地学会语音写作，提升写作效率的方法（见图4-5）。

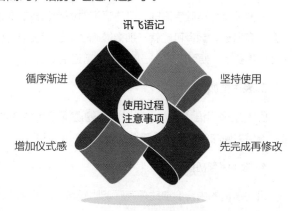

图 4-5　使用讯飞语记的注意事项

1. 循序渐进

过去习惯了在笔记本上写作或者用电脑打字，现在突然改变写作方式，自然会感到强烈的不适应，但只要坚持使用，慢慢就会越来越顺手。我们要相信自己能做到，才有可能做好。所以，要做好接纳自己的准备，允许自己不习惯的情况出现，而不是一出现不适应的情况，就马上放弃，因为任何新习惯的养成都需要一个循序渐进的过程。

2. 坚持使用

如果只使用一两次就放弃语音写作，自然是做不好的。养成一个好习惯需要21天，只要坚持使用，一切都会慢慢往好的方面发展。在感觉快放弃的时候，可以暗示自己再多坚持一下。

3. 增加仪式感

在语音写作开始之前，不妨也给自己制造一点仪式感，或穿上舒适的正装，或泡一杯花茶，或点一支熏香蜡烛，或放一首柔和的音乐。有了这些仪式感的存在，会更强烈地感知到，写作是一件充满幸福感的事情。用仪式感来培养新的习惯，会比较容易进入状态。

4. 先完成再修改

一定要牢记"先完成再完美"的原则。可以把内容全部录完再修改文字，否则一旦录音中断，就会忘记后面想说什么了，或者找不到之前的创作热情，最终就会不了了之。

因此，不管第一遍说得如何，都要说完，说完后再进行精细的打磨和雕琢。

文案教学——文章修改七步法

第1步，检查错别字。

第2步，通读全文，调整不通顺的字句。

第3步，调整上下文衔接不自然的地方。

第4步，检查案例是否多样化。

第5步，检查全文是否具备亮眼金句。

第6步，检查标题是否有吸引力。

第7步，检查是否有头重脚轻的问题，即开头写得非常精彩，但结尾写得潦草乏力。

4.3 打造丰富的素材库

素材对于创作者来说，就像粮食之于人类一样重要，没有粮食人类很难生存下去，同理，没有素材创作者也很难坚持下去。不能等着灵感降临才开始写作，而是要积极利用各种渠道搜集素材，打造一个扎实而丰富的素材库，以便支撑创作者在写作这条路上长久地走下去。

本节将分享几种可以让创作者轻松找到取之不尽、用之不竭的素材的方法(见图4-6)，以培养创作者提笔就能打造优质内容的能力。

图4-6 打造丰富素材库

4.3.1 深挖个人经历

很多新手总是不知道写什么,其实最便捷的方法就是深挖自己的经历。那些让你感动的、好奇的、触动的、让你哭、让你笑的事情,同样可以打动别人,引发读者共鸣。

另外,自己亲身体验过的经历,更容易流淌出真情实感,铺陈出丰满的细节。对自身内在的深挖是一个搜索素材的绝佳方法,只是很多人对周围发生的一切习以为常,慢慢对生活失去了观察,失去了感悟,失去了知觉,产生了麻木的心理,导致他们提起笔都不知道写什么,感觉生活平淡无奇,实在没有值得一提的地方。当你切换为创作者的视角,保留"第三只眼睛"去观察、去探索,你就会发现,生活是最好的创作源泉。朋友之间的一席对话,一条无意间看到的新闻热点,一场光怪陆离的旅行时光,一段让人郁闷的买房经历,都是灵感的触发器,把这些经历融入写作当中,便能找到源源不断的写作素材。

> **文案教学——深挖个人经历的技巧**
>
> - 第一次法
>
>   第一次到某地游玩、第一次出国、第一次恋爱、第一次参加工作、第一次支教……那些第一次的经历总是叫人刻骨铭心、难以忘怀。将它记录下来,既能铭记自己的心路历程,也能更加了解自己的兴趣。
>
> - 情绪深挖法
>
>   人都有七情六欲,那些让你高兴的、悲伤的、失落的……总会在内心激起千层浪,让人久久难以平静。把它们记录下来,既能保留美好的时光,又能够给内心的情绪找到一个发泄的出口。
>
> - 日、周、月、年复盘法
>
>   关注笔者的读者都知道,笔者已经坚持了3年的年度复盘。
>
>   笔者2018年写了几十件微成就事件;2019年写了100件微成就事件,获得头条官方转发;2020年写了108个微成就事件,获得朋友圈无数读者转发,并带动一部分读者写作年度复盘文章。
>
>   没有记录,就没有发生。
>
>   复盘不是做表面文章,而是一种与内心对话的方法,更是促进自我成长的催化剂。复盘对于个人的成长有着至关重要的作用。

4.3.2 从陌生人身上找素材

我们每天都会和社会上不同的人打交道,如门卫大爷、滴滴师傅、新来的同事……只要善于挖掘,再平凡的角色也能发现闪光点。一个看起来平凡普通的门卫大爷,可能是家里有好几套房的隐形富豪;每天穿梭在不同道路和车流的滴滴师傅,有可能是一个工厂老板；新来的老实巴交的同事，可能是互联网上小有名气的金牌作者。再不起眼的路人甲，只要你带着好奇心和他们相处，都能搜集到独一无二的精彩故事。

如果你是一个有趣的人，那么你遇到的每个人都是一座宝藏。这世上的任何一段关系，都可能隐藏彩蛋，只要你带着好奇心上前探索，就可能发现背后的礼物。因此，要带着好奇心积极与人交往，无论对方是何种身份、何种职业、何种年龄，他都有可能历经岁月的风霜，充满了人生大起大落的故事。作为一个创作者，要做的就是提出好问题、善于挖掘、善于倾听。

> 文案教学——从陌生人身上找素材技巧
> - 提问法
> 比如，您是如何从零转型成功的？是什么原因促使您放弃多年的积累进行转型？您有什么转型经验想要分享给其他人？
> - 倾听法
> 引导别人主动倾诉自己的故事，或者在别人向你倾诉时认真倾听，并引导他说下去。

4.3.3 通过互联网渠道找素材

身处互联网时代，我们每天都会被动地接收一大堆无效信息，却极少有人去主动寻找想要的有效信息。为了提升搜索素材的效率，我们要学会筛选出真正有价值的内容。

平时我们可以重点关注几个有思考、有价值的优质公众号，把平台提到的优质素材积累下来；还可以多关注微博热点、知乎热榜和头条新闻，保持对信息的敏感度，保持对社会的关注，这是一个优秀创作者的基本素养。通过互联网关注国家大事和社会热点，与外界保持同步，这样才能及时地为读者输送新鲜的信息，提升读者对内容的黏度和喜爱度。

4.3.4 通过书本找素材

在创作《平凡的世界》之前，路遥曾读了上百部长篇小说，内容涉及不同领域，包括历史、哲学、经济和理论，这些知识和素材支撑他完成了《平凡的世界》这部长篇著作。这部作品一经面世便迅速引起轰动，至今依然深受广大读者的认可和追捧。

读书可以让创作者拥有更宽的视野、更大的格局，以及更深刻的认知。纵观那些内容深刻、观点新颖的内容输出者，无一不是热爱读书的人，他们在读书的过程中能与作者交换不同的思维,擦出灵感的火花,从而拥有了写作的热情和冲动。可以说,读书与写作是一对形影不离的孪生兄弟,没有读书就没有写作,没有写作就会失去读书的动力。想要成为一名优秀的创作者,读书是一项基本功。

4.3.5 通过影视节目找素材

从影视节目找素材,可以娱乐和工作两不误。看完一部电影或者一档综艺节目,可以对人物性格、感情走向和热点话题进行讨论,找到合适的素材嵌入内容创作,这样一方面可以借助热门影视提升内容的流量和关注度,另一方面可以让内容变得更具可读性。

例如,引爆全网话题的热播剧《三十而已》一经播出,各种自媒体围绕三个性格迥异、成长背景不同的女主展开了热烈的讨论和分析,风头一时无两,抓住这波话题热潮,就有机会打造爆款文章。这对于喜欢看影视内容的朋友来说,既能满足自己的爱好,又能利用写作赚钱。

文案教学——影视素材写作技巧

- 剧外人物对比法

  如对两部剧的女主角进行对比,分析相同的人生故事背景下,她们为什么走向了不同的结局,对其进行深度剖析,给予读者一定的思考启发。

- 剧中人物对比法

  把女一号和女二号的性格与人生走向进行对比,引发读者的代入感,从剧情故事提炼有用的人生经验。

- 剧外故事法

  拍戏的过程中,演员发生了什么有趣的故事。比如,某个女主角为了拍戏在大冬天游泳仍坚持不用替身,可提炼适合的话题与内容创作进行结合。

- 故事走向法

  随着剧情的发展,剧中人物发生了哪些巨大的改变,她的心路历程是什么。例如,某个剧情的女主角在遭遇父母离世后,从正派变成反派,分析她为什么会这样,对剧情进行解析,引起读者好奇。

- 人物代入法

  如果你是女主角,你会选择男一号还是男二号?如果你是女主角,你会留在小城市做一份稳定的工作,过着被父母安排的人生,还是选择在大城市做更有挑战的工作?这类话题可以引发网友的热烈讨论,容易成为热点话题。

- 不同角度选题法

  对于一部职场电视剧,很多人会从职场角度切入,那么是否可以另辟蹊径,从剧中人物的情感或者原生家庭的角度切入话题。

- 金句素材法

  很多电视剧和综艺节目都贡献了流行一时的金句,这些金句蕴含着深刻的人生哲理,戳中读者的痛点或者爽点,创作者可以从金句中挖掘素材,展开讨论。

4.3.6 通过旅行找素材

旅行就是跳出平庸的生活,去追求那些冒险的梦。在那些不同往常的时刻,更容易翻转生活的另一面,看到不一样的世界、不一样的自己。在旅行中见天地、见众生、见自己,可以丰富自己的生命体验,唤醒更多的生命能量,带来更多的启发和灵感。

张昕宇和妻子梁红是一对环球旅行家,他们携手走过了大半个地球,有战火下惊心动魄的冒险经历,也有在南极和爱人举行婚礼的浪漫时光。为了去更多地方,他们不得不提升生存技能,潜水、跳伞都曾是他们的学习项目。一路上的冒险之旅,给了他们源源不断的创作灵感,如今的他们,不仅是旅行家,还是畅销书作家。他们出版了人生中的首部书籍《侣行》。这套书为我们展示了不同国家的精神面貌和风土人情,同时也让我们见证了一对普通情侣在旅行过程中互相扶持、携手前行的真挚爱情。

4.3.7 通过职业体验找素材

创作者只有把自己活得丰盛,笔下的文字才会拥有强大的生命力。很多时候,写作不过就是把创作者的人生具象化、显性化,有多少种职业体验,就意味着有多少种人生视角,就意味着能写出不同味道的文字。

在云南,有一个很火的小酒吧,每天酒吧营业时,外面都会排起长龙般的队伍,它就是"大冰的小屋"。这个巴掌大的小酒吧,为何能够成为人见人爱的网红地点?

这家小酒吧的主人名叫大冰,就是那个写书的大冰。他低吟浅唱的文字、别具一格的江湖故事,深深吸引着无数读者,也因此让他的小酒吧火遍全网。大冰为什么能够写出那么多畅销书?这其实跟他的职业经历息息相关。他当过主持人、歌手、酒吧老板、背包客,多元的职业身份让他的人生与众不同,让他看到了不同版本的人生活法,也孕育出了更多的写作灵感。只要生活还在向前,灵感就不会枯竭。

冲破单一身份的限制,给自己赋予不同的职业角色,生命体验将会更加丰富,写出来的文字也会更加饱满、生动、扎实。

4.3.8 通过采访找素材

你有想要采访的人吗？如果有的话，大胆邀请他接受你的采访吧。

自媒体人林安曾经是一名朝九晚五的上班族，为了深入了解自由职业的生活，她开始采访身边或网上认识的自由职业者，咖啡馆老板、自由撰稿人、开花店的年轻女孩、环球旅行家、钢琴家郎朗等都在她的采访名单里。林安将这些采访故事发表到公众号上，吸引了很多对自由职业感兴趣的读者，并且出版了自己的第一部作品。

采访的前提是你必须了解对方的故事，并做好充分的准备，给对方一个接受的理由。不能将采访变成情感绑架，提出合理的、令人舒服的请求，才能使采访工作更加顺利地开展。

> **文案教学——采访文的写作技巧**
>
> 第1点，介绍采访对象的基本情况。
>
> 第2点，介绍采访对方的理由。比如，他在某个行业或某个领域有什么出色的成绩，或者经历与众不同。
>
> 第3点，确定行文方式。按照过去、现在、未来的时间线索行文，也可以采用一问一答的形式进行撰写。
>
> 第4点，详略得当。不建议什么都展开写，重点选择比较精彩的故事进行详细描写，无关紧要的事情一笔带过即可。
>
> 第5点，提炼经验。例如，对方是一位环球旅行家，他有什么方法可以在路上活下来，靠什么赚钱的副业维持生活；对方是一位自由撰稿人，他是如何出版自己的第一部作品的，如何通过写作赚钱。

4.4 选题方法，助力写出爆款文章

对于创作者来说，写出爆款文章既是对自身能力的一种证明，又是写作路上的里程碑事件。与此同时，写出爆款文章更与收入直接挂钩。

比如给中小平台投稿，如果文章变成爆款，平台会给予额外奖励；如果是运营个人账号的朋友，一旦掌握了稳定输出爆款文章的能力，收入会非常丰厚。在自媒体平台，一篇现象级爆款文章收入几千甚至几万已不是新鲜事。

虽然写出爆款文章是可遇不可求的，但如果创作者掌握了写爆款选题的方法，写作爆

款文章的概率就会大幅度上升。因为一篇文章能否成为爆款在很大程度上取决于选题的好坏,选题对了,文章就成功了一半。

本章我们来一起学习爆款选题及其写作方法(见图4-7)。

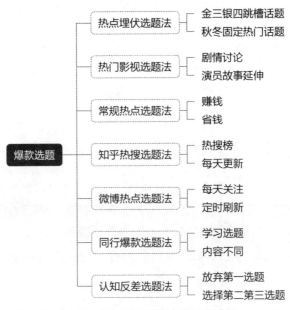

图 4-7 爆款选题及其写作方法

4.4.1 热点埋伏选题法

追热点已经成为自媒体人的必备技能,而热点可以分为两类,即可预测热点和不可预测热点。在某些热点彻底爆发之前,创作者可以提前做好关键词布局,比如年底时大家比较关注跳槽的话题;"金三银四"时大家比较关注面试求职的话题;各种假期期间大家比较关心假期怎么提升自我,假期可以去哪里旅行这类话题;秋冬时大家比较关注秋冬季怎么穿衣服,怎么护肤美容,怎么保养,去哪些城市滑雪这一类话题。

基本上,节点话题都是可以预测的,在别人还没开始写的时候,就要先做好关键字布局,这样才能抢到热点首位,占据更多的流量和热度。希望大家都能重视节点性话题,因为它是永远不会过时的,比如今年写的一个面试跳槽的内容,明年这个时候依然会变成热搜,涨粉会源源不断。

4.4.2 热门影视选题法

热门影视话题也是一个容易出爆款的点。影视剧热播期间,大家对剧情的关注度是比较高的，也乐意参与话题的讨论。

如《完美关系》里面的某个角色火了，话题度居高不下，这时可以围绕演员的自律、感情生活等一系列话题进行造势，又或者对演员在剧中的情节展开讨论。比如，情感领域的内容，可以根据男女主人公的互动讨论办公室恋爱怎么谈，或者如何找到心仪的男神展开；职场领域的内容，可以写职场新人如何穿搭更为专业，或者职场新人如何戒掉学生思维，职场新人如何实现职场逆袭等；美妆领域的内容，可以写如何像主角一样保持紧致的皮肤和漂亮的身材等。带着写作的思维看电视，会发现可以写的点太多了，而且一部剧也不是两三天就能播完的，热度持续的时间比较长，创作者有充足的时间构思一些好内容。

4.4.3 常规热点选题法

常规热点就是无论什么时候都会是大家非常关注的话题，比如，如何买到价格便宜格局好的房子，如何在淘宝买东西更省钱，如何找到一份高薪工作，下班后如何提升自我，如何利用下班时间做副业，学生如何准备考试，女人如何经营婚姻等。

人类要生存下去，必然离不开房子、车子，离不开经济收入，离不开衣食住行，离不开自我提升，因此这类话题永远都不过时。

打造内容选题时，可以往这些方向靠：教大家提升自我，教大家赚钱，教大家省钱，教大家提升生活质量，这些都是非常受欢迎的。比如，在写护肤品推荐时，常规的标题是"推荐几款好用的护肤品"，这样的标题很难吸引人，比较懂读者心理的作者就会写"推荐几款10元护肤好物，适合干皮，好用白菜价"。虽然还是一个意思，但读者肯定会点击后者，因为后者推荐的护肤品非常便宜，又有针对性地指出了适合干皮，还非常好用，这些字眼都很吸引人。

创作者构思常规选题时，要学会换位思考，从读者的角度考虑关注的点。如果不懂用户心理，常规热点选题很难写出爆款文章，因为这类话题写作的人太多了，只有切中了读者需求，才能吸引读者，才能得到更多的推荐量和关注。因此，这些细节一定要做到位，一旦跳出创作者的角色，融入读者的角度，那么写爆款文章就是一件手到擒来的事情。

4.4.4 知乎热搜选题法

能够在知乎火起来的热点，在全网的点击量都不会太差。知乎热搜是一个比较方便的选题寻找地，知乎热搜榜每天都会更新热点，可以给创作者很好的参考和借鉴。"君子生非异也，善假于物也"，人与人之间的差距并不大，区别只在于懂不懂借助外力。因此，不要放着那么多好的话题不用，天天浪费时间纠结没有好的选题可以写。创作者要做的就是挑选出与定位相关的话题，发散思维进行延伸，用自己的理解和观点论述这个话题。

4.4.5 微博热点选题法

微博热榜是热点爆发的第一发源地。创作者应该着重关注，锻炼自己对热点的敏感度，并以最快的速度把握时事热点。微博热点更新非常快，稍不注意就会错过很多信息，因此创作者要利用碎片时间多关注，也许一不小心就会挖掘到一个超级爆款。

当然，追热点并不是什么都追，毕竟每天几十条热点也跟不过来。再者，追热点没有底线的话，很容易被封号或者被举报。因此，创作者只需追与自己创作定位相关的热点，再想办法把热点与创作领域结合起来。

创作者要选择那些有感触，读者有需求的点进行深度探讨。如果热点与创作定位没有关系，还非要跟这个热点，就很可能引起粉丝反感，流量也会越来越低。追热点是一把双刃剑，创作者需要把握好尺度。

4.4.6 同行爆款选题法

自媒体从业者千万不要把同行当成竞争对手，而是要把他们当成学习对象。

写作不能只顾着埋头走路，偶尔也要抬头看天，留意同行都在写什么，也许能够找到不错的灵感。与其一个人闭门造车，不如打开视野，博取百家之长，成一家之言，吸收别人的长处，充实自己的选题库。

有段时间笔者遇到了写作瓶颈，在网上看同行的文章时，看到一位作者写了一遍围绕搜狐、简书和抖音进行简单介绍的文章，笔者受到启发，选择对公众号、简书、头条号、百家号、小红书和知乎这6个平台，从平台特点、受众到变现方法展开详细介绍，这篇文章很快就在全网获得了100多万次的阅读量。

有人会问借鉴别人的选题，会不会构成抄袭和"洗稿"呢？如果创作的内容和别人的内容有40%的雷同，那么确有嫌疑，但如果只是选题与别人相似，案例、方法、金句和结构与别人不一样，就不用担心这个问题。因为这世上没有一个话题是没有被人写过的，但是每个人的角度都是不一样的，写出来的东西也就不一样了。就像高考的命题作文，大家写出来的感觉并不一样，因为每个人的经历、观念、看法都是不同的，所以只要是按照自己的角度去写，就没有问题。

4.4.7　认知反差选题法

如果选题总是人云亦云，则很难在信息爆炸的时代获得火爆的热度。因此，想要获得突出的阅读量，就要避免常规思维，应进行深入思考，找到与众不同的点。

笔者曾经给某个大号投过一篇名为《珍惜那个和你吵架的人》的文章，文章从"不吵架的感情，走不到最后""好的感情，经得起吵架""不跟你吵架的人，不爱你""珍惜那个陪你吵架的人"四个角度对主题进行充分的讨论和阐述，很多读者看完表示认可。

在大众的认知里，吵架不是一件值得高兴的事情，但换个角度看，谁的婚姻是不吵架的呢？有些人为了维持表面的和平总是选择忍耐和冷处理，结果矛盾没有及时解决，不满没有释放出来，这会导致更可怕的后果——两个人的积怨越来越深，一旦爆发便覆水难收。但是，用对的方式吵架却不会消耗彼此的情感，反而会升华双方的关系，找到适合的相处模式，所以吵架是一门艺术，是平淡生活的调味剂，既然吵架无法避免，那就学会用正确的方式吵架。当时这篇文章发表之后，确实收到了很多网友的点赞和留言，很多人豁然开朗，他们以前很怕吵架，现在觉得吵架也没什么，关键是学会正确的吵架方式，他们觉得非常受用。

这种挑战读者认知的选题常常会给人眼前一亮的感觉，凡事都有两面性，在人们都认为一件事是坏事时，如果创作者能够看到好的一面，并有足够的案例和佐证支撑观点，那就大胆去写；如果人们都认为一件事是好事时，创作者能够从反向的角度看到这件事的隐患，也可以认真写一写，只要言之有理，无论写什么角度，都可以站得住脚。比如之前看到的一篇文章，主题是某位明星婚后被照顾得很好，没想到丈夫不幸离世，留下她一个人不知所措，生活完全不能自理，于是作者便提出了一个观点——对一个人好不是剪断她的翅膀，把她照顾得生活技能完全退化，而是要鼓励她变成一个更好的人，即便离开了男人，也能独立生活。当时看到这个观点笔者大为赞同，谁不想遇到一个知冷知热的人呢？但是被照顾过头了，就可能阻碍自身的成长，也不是一件值得开心的事情。每一件事都是可以从两个角度来分析的，要用辩证的思维看待事情，从不同的角度展开讨论。

4.5　升级搜索力，内容写得又快又好

在互联网时代，创作者要善于利用信息打造优质的内容，因此是否具备搜索能力，是判断创作者学习能力高低的重要标准之一。

4.5.1 搜索的重要性

巧妇难为无米之炊，在缺乏足够的素材和理论支撑时，要写出优质内容无疑是一项艰巨的任务。这时如果能够借助强大的互联网进行精准的搜索，就相当于拥有了一个取之不尽、用之不竭的素材库，可以源源不断地给创作者带来新的灵感和思路。

1. 搜索可以提升写作效率

想要提升写作效率，掌握快速搜索法是一项重要技能。当创作者想不起故事细节，或想要确认素材的真实性时，可以通过搜索快速找到答案。只需要输入关键字即可搜索，这比咨询别人或者查找纸质书更方便快捷。

2. 搜索可以胜任任何写作选题

好的内容都是取其精华，去其糟粕，学习别人的长处和优点，进行改进和融合，从而变成创新，这是自媒体人的快速学习之道。不知道怎么驾驭一个选题时，不妨看看别人是怎么切入和展开的，这样或许能够找到不一样的思路。掌握了快速搜索技能，便能轻松切入任何话题。

3. 搜索可以让你的内容更加全面和专业

好的内容并非凭空想象出来的，而是不断学习同行的优点和长处，通过总结、思考、融合对内容进行升华和创新，进而创作出更加优秀的作品，比别人写得更加专业，更有深度。比如别人能够写出一点，你可以写出三点；别人写得比较浅显，你写得更为深入。因此，学会搜索学习之后，我们创作的内容会比别人的内容更全面、更专业。

4. 搜索可以边写边学

边学边做才是硬道理，不要等一切都准备好了才开始创作。应该一边做，一边学，利用搜索不断学习，扩充自己的认知层面，继而构建稳定的知识体系，变成一个博学多才的创作者。搜索的过程就是学习的过程。

4.5.2 通过关键字搜索

在信息时代缺的不是信息，而是获取和使用信息的能力。新手总认为只有把所有信息记在脑子里，才能写出旁征博引、令人叹服的优质内容。其实，对于高手而言，更重要的是善于调取和利用信息。有了互联网搜索的加持，创作者就像伸出了无数的触角，可以获取四面八方的信息和素材，在内容创作中变得无往不利。

1. 输入选题关键字

当确定好写作的选题时，可以先在各个网站输入这个选题，找到与之相关的信息进行学习和拆解，继而内化为自己的知识，运用到个人创作当中。

比如，想写一个互联网搜索的选题，可以输入"通过搜索写作"关键字，此时网页上会出现几十页与之相关的信息。通过阅读、分析、整理，再结合自己的观点就能写出优质的内容(见图4-8)。

图 4-8　通过选题关键字找到信息

2. 三要素锁定关键字

在搜索的各种场景里，比较常见的是，忽然想到某个素材，但具体的细节都忘了，只剩下一个模糊的印象，这时应如何搜索呢？最有效的方法莫过于通过网络搜索找到这个故事，即输入三要素：时间、地点、人物(见图4-9)，也就是什么人，在什么时间，做了什么事。比如，想搜索某个企业家的创业故事，那就输入"某某创业"关键字，这样马上就可以找到许多有关的报道。

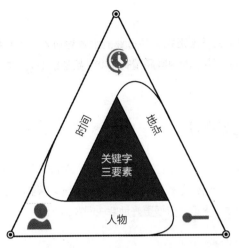

图 4-9　关键字三要素

4.5.3　搜索渠道

这个世界存在着各种各样的信息差，掌握更多有效信息的人，不是因为他们更聪明，也不是因为他们更有见识，而是因为他们掌握的搜索渠道更多。面对同一个问题，别人只能从单一的渠道挖掘信息，他们却懂得从不同的渠道收集信息进行整合，自然他们掌握的信息就会更加丰富，提出来的点子也更有新意。

1. 百度搜索

一直以来，大家遇到问题时都会习惯性地先去百度搜一搜。百度也确实是一个非常好用的搜索平台，输入任何关键字，都能快速获得想要的海量信息。百度搜索最大的优势在于覆盖不同平台的内容展示，包括简书、知乎和豆瓣等多平台，只要是与关键字相关的信息，都可以找到。

2. 知乎搜索

知乎囊括了无数领域专家的深耕内容，他们在这个平台贡献了数之不尽的优质回答、文章和视频。结合知乎提供的优质回答做选题创作，这要远比一个人冥思苦想来得更有效率，且输出的作品也会更优质。

3. 微信文章搜索

微信搜索的内容仅限于公众号文章，虽然窗口比较小，但也不乏专业内容。许多公众号善于用接地气的文字把观点讲得深入浅出，看完令人豁然开朗，能学到不少东西。因此，微信搜索也是一个搜集素材和深耕内容的重要渠道。

4. 头条搜索

这几年，今日头条平台发展迅猛，各行业的大咖纷纷入驻，平台为用户提供了百花齐放、包容万象的资深见解。平台的内容质量有了突飞猛进的提升，内容也具备了非常高的参考价值。

4.5.4 搜索的注意事项

在搜索的过程中会遇到各种各样的问题，比如输入关键字却显示一片空白，在某个平台尝试了很多搜索方法依然一无所获等。不管遇到什么问题，都要根据实际情况灵活变通，下面介绍3个搜索过程中的注意事项，以便更好地解决问题。

1. 替换关键字

输入了关键字，找了很久却一无所获，这种情况下就要尝试其他关键字。关键字要结合书面化的表达，切勿使用拗口、生僻的关键字。

2. 多平台搜索

多平台搜索可以掌握更加丰富的信息，资料会更加全面。

3. 用小词搜索

以某企业家创业故事为例，输入名人创业算是大词，具体到人名则是小词。大词的范围比较大，输入名人创业故事，出现的信息可能是其他人的，很难精准地找到想要的信息；而具体到人名则是精确表达，搜索结果会更加高效且准确。

第 5 章

个人品牌
构建流量池的加速器

如今,打造个人品牌已经成为一种热潮。无论从事什么职业,都需要个人品牌作为信任背书,而自媒体是打造个人品牌的最佳渠道,通过内容的传播,可以在短时间内触达无数用户,这是其他工具与方法无法做到的。

更重要的是,内容无须金钱成本,只需要付出时间就可以产生复利效应,即便过去好几年,很多内容依然能够持续曝光,获得源源不断的粉丝增长。可以说,通过自媒体打造个人品牌,是构建影响力的加速器。

本章将介绍如何通过自媒体打造个人品牌,构建强大的个人影响力。

5.1 好名字是个人品牌的扩音器

有位名人说过，21世纪的工作生存法则是：建立个人品牌，把你的名字变成钱。

这句话揭示了名字对于个人品牌的重要性，好的名字可以让个人品牌大放异彩，而普通的、毫无特色的名字则会让个人品牌人气凋零。

好的名字必然是经过精挑细选，认真斟酌而产生的，个人品牌的名字应该既有特色又容易识别。很多自媒体新手没有意识到这一点，通常是随意找几个字凑在一起，这样做存在弊端。

一个随便的名字很难产生好的传播力，后面再修改沉没成本会非常大，意味着又得重新积累品牌势能。因此，需要慎重考虑名字，毕竟它会贯穿你的自媒体生涯，变成你的品牌符号，体现账号的文化内涵。

5.1.1 好的名字自带吸粉效应

曾经听一位知名写手讲过他自己的经历，有段时间他的公众号没怎么更新，但每天依然能够涨几十个甚至几百个粉丝，对此他感到很诧异，这些粉丝是怎么来的呢？后来他做了粉丝调查才知道，这些粉丝在搜索某个关键字时，无意中发现他的公众号挺不错，也就顺手关注了，而这一切都归功于他取了一个好名字。

可见，好的名字自带吸粉效应，能够带来一定的粉丝增长。

5.1.2 好名字的重要原则

既然好名字是个人品牌的扩音器，能够最大限度地宣传个人，那么，什么样的名字才算是好名字呢？下面介绍三个重要原则，帮你打造一个好的名字，为个人品牌奠定良好的基础。

1. 跟品牌定位相关

一个好的名字，一定要给用户比较直观的感受，可以令人联想到品牌的定位属性。例如，"蒙牛"一听就知道与牛奶相关，"喜茶"也是和奶茶相接近，再比如"淘宝"肯定和买东西有关联。

此外，将品牌的定位和名字联系起来，非常利于品牌传播，如笔者的名字"苏乐爱写作"，很多读者在搜索"写作"这一关键字时，这个账号就很容易出现在推荐栏目中，不少读者就是这么发现并关注笔者账号的。

2. 能够注册商标

从使用一个名字开始，就要有把它注册成商标的意识，这样能受到法律的保护，避免日后因为版权问题出现纠纷。

在取名字的时候，要记得把注册商标的因素考虑进去，尽量不要取太常见的名字。否则，很容易出现同名的情况，在注册商标的时候也会增加麻烦。

3. 好认好记好传播

哈佛大学心理学教授乔治·米勒研究发现：在短时间内，人的大脑只能记忆7个以内的信息模块。他将这项研究命名为"7定律"。

如果让你说出7个矿泉水品牌、7个洗发水品牌，相信大多数人无法立刻想到。比如，提到矿泉水，可能会想到农夫山泉、怡宝和百岁山，可是再多就想不出来了；提到洗发水，可能想到潘婷、飘柔和霸王，但是再往下就有点困难了。

人类的记忆非常有限，记住的一类事物最多不会超过7个，因此取名字的时候，一定要遵循好认、好记、好传播的原则，如果别人记不住，想不起，不会认，那么名字再好也没有意义。注意，起名时英文和生僻字等都是应该避免的。

5.1.3　取个传播力强的好名字

有一次笔者想搜索某个手绘达人的名字，结果压根想不起怎么输入，因为她的名字实在太难记了，是一串长长的英文符号。于是笔者就放弃了，转而去查找别人。由此可见，即便个人品牌已经塑造出来了，但如果没有一个好的名字，依然会造成客户流失。

名字作为品牌文化与内涵的载体，如果不能起到传播的作用，那么再好的名字也不能发挥相应的价值。下面8个方法可以帮你快速取出具备传播力的好名字(见图5-1)。

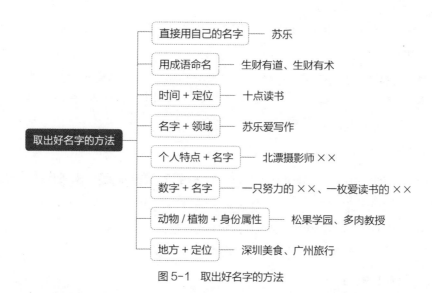

图 5-1 取出好名字的方法

1. 直接用自己的名字

用自己的名字给自媒体账号取名，可以给人更高的可信度和说服力。很多名人、明星都是直接用自己的名字作为账号名称。如果不方便用真实名字，也可以取名字的谐音或者偏旁，比如笔者的名字有个"烁"字，取一部分"乐"，加上笔者特别喜欢苏州，因此取名"苏乐"。

2. 用成语命名

如今，大众已经具备了一定的文化水平，用成语命名，不需要进行解释也能被理解，比如"生财有术"，一看就知道是和理财相关的内容，很容易被记住，这是一种比较讨巧的取名方式。创作者在取名的时候，可以优先考虑有没有一些简短有力的成语可以作为名字使用，这样可以建立用户对品牌名字的认知度和熟悉度。

3. 时间结合定位命名

以时间和定位组合的方式取名，既能告诉用户内容的更新时间，又能强化定位。用这样的方式取名很容易达到传播的效果，如文化大号"十点读书"，十点是账号的更新时间，读书则是内容定位，这种取名方法适合有固定更新时间的账号。

4. 名字结合领域命名

名字结合领域的命名方式，既恰如其分地体现了账号的领域与定位，又与品牌文化一脉相承。比如"小米食光"，一看就是美食类账号；"苏乐自媒体"，一眼就能识别出这是分享自媒体内容的账号。

如果仅仅以自己的名字给自媒体账号取名,很容易出现同名的问题,但是以名字加上领域的方式,则可以和其他账号有效区别开来。

5. 个人特点结合名字命名

突出个人特点可以彰显创作者与他人的不同,给人以鲜明的记忆点,从而快速占领用户心智,进一步扩展了账号的人格属性。如"北漂摄影师顾某""爱口红的90后女生苏某""南方女孩陈某""野生文字工作者张某",这些名字都突出了创作者的特点与个性。

6. 数字结合名字命名

以数字结合名字命名,如"一只努力的某某""一枚爱读书的某某",这样的名字塑造了账号强烈的形象感,简单易辨识的同时又指出了内容定位,达到一石二鸟的效果。

7. 动物或植物结合身份属性命名

"松果学园""多肉教授""养兔联盟",这样的取名方式好记又好认,传递了精准的定位信息,一定程度上可以提升品牌的传播势能。

8. 地方结合定位命名

"上海美食""广州那些事儿""深圳旅行",这些名字都能很好地帮助用户判断出账号的地方属性,并且告诉用户将会分享什么内容,是美食还是旅行都可以一目了然,地方加定位的取名方式比较适合地区属性明显的账号。

5.2 垂直深耕是品牌的护城河

在自媒体的创作过程中,很多人存在着一种想法:写的内容越多、越全面,赚到的钱就会越多。正是这样的想法,导致很多人把账号变成了大杂烩,无法做出个人品牌。

本节将重点讲解以做减法的思维进行写作,以垂直深耕的原则打造自媒体账号竞争力的护城河,它是做好自媒体的底层逻辑,也是塑造个人品牌的重要前提。

5.2.1 高手们的减法思维

史蒂夫·乔布斯说创新来自于对1000件事情说"不"; 奥古斯特·罗丹坦诚自己雕塑的

秘诀在于减去多余的部分。这些名人的见地和资源远超于普通人，却以减法思维作为工作准则，这是因为他们早就看透了商业的本质——少即是多。只要做好了少数事件，就能匹配到极大的物质财富。

很多人认为，只有做足够多的事情才能赚到足够多的财富，但结果往往适得其反。太多的目标会分散人的精力和时间，以至于缺乏足够的专注把一件事做到极致。如今竞争越来越激烈，如果没有一个精准的标签，很难在众多的品牌中获得辨识度，用户也很难记住并选择。

5.2.2　垂直深耕对于自媒体的价值

身处互联网时代，人们面临的选择太多，以致很难专注做一件事，看到什么火了，就很容易盲目跟风，放弃原有的领域。其实，这种做法是不可取的，越是面对复杂的环境，越要懂得去粗取精，去繁就简，尤其是在自媒体领域，垂直深耕才是正确的选择。

1. 垂直深耕是提升品牌竞争力的重要方法

如果一个自媒体账号今天写情感，明天写教育，后天写财经，读者就会记不住它是做什么的，更加谈不上认可和信任，个人品牌的势能就无从谈起。

提到陆琪，会想到情感励志；提到秋叶，会想到PPT制作；提到凯叔，会想到育儿故事。当创作者长期专注一个领域做内容输出，其辨识度会非常高，读者只要看到创作者就会联想到品牌，看到品牌也会联想到创作者，二者是相辅相成的。一旦读者有这方面的问题，就会第一时间找认可的品牌，这就是成功的品牌营销，也是创作者打造竞争力的重要方式。

2. 垂直深耕是打造高收入的快车道

自媒体运营者在找到擅长的领域后，要坚持下去，深耕得越久越容易获得用户的信赖和认可。一旦受到用户的广泛认可，成为行业翘楚，那么收入就会比同类型创作者更高，因为在用户眼中你比他人更专业，在遇到问题时更愿意看你的文章或向你咨询，增加自媒体的阅读量，也会心甘情愿地支付咨询费用。

5.2.3　保持垂直深耕的方法

看到这里，相信大家已经明白了垂直深耕对于个人品牌的重要性，不过很多创作者专注于一个领域一段时间，很快就不知道该写什么了。这是在创作过程中不可避免的情况，想要破局，可以考虑以下几个方法。

1. 在内容中植入高频度的领域关键字

对于智能分发平台来说，识别内容是否与账号认证的领域相一致，判断方法就是抓取关键字进行识别，如果创作者不注意这一点，就很可能被机器误判为偏离领域。比如以职场类文章为创作领域的账号，一篇关于职场女性的内容中多次提到母婴词汇，就很容易被误判为是育儿方面的文章。

因此，在创作的过程中，要高频度地提到领域关键字，以有助于平台更好地对内容进行识别分类。

文案教学——垂直内容植入关键字技巧

职场领域的内容，可以植入"跳槽""同事""领导""薪水"等关键字。

情感领域的内容，可以植入"恋爱""婚姻""分手""脱单"等关键字。

育儿领域的内容，可以植入"母婴""新生宝宝""新手妈妈""亲子关系"等关键字。

---

2. 围绕领域关键词进行选题拓展

选题枯竭是很多自媒体人无法保持内容垂直的重要原因，此时，我们不妨围绕领域关键字发散思维。以职场账号为例，单单是跳槽这个关键词，就可以延伸出无数选题，如"跳槽前应该做好哪些准备""应该在年前跳槽还是年后跳槽""想要跳槽怎么找工作""如何跳槽才不会跳坑"等，通过这样的拓展能够打开创作者的思路，使灵感源源不断。

文案教学——关键词选题拓展

先写下某个关键词，然后分散思维进行选题拓展。例如，以结婚为关键词，下面总结几种方法。

时间拓展法：什么时候才是结婚的最佳时候？结婚前，为什么一定要去男方家里多走走？

地点拓展法：结婚应该选择什么地点？如何选择一个结婚氛围好的地点？如何订到价格合理的婚礼酒店？

事物拓展法：结婚如何筹备齐全又快速？

关系拓展法：结婚前，如何优雅地通知老同学，才能不被拉黑？同事结婚，给多少份子钱才体面？

3. 围绕领域进行闭环学习

对一个领域保持长时间的专注学习，是创作者从新手晋升到专家的重要练习。以笔者为例，从选择了职场领域开始，读过的职场类书籍不低于200本，这两年保持了一年读50本书的高频学习。此外，笔者有意识地观看了一系列的经典职场电影，对优质的职场号保持高度关注，大量的信息输入通过思考加工变成了有效知识，为笔者建立起一个稳定而丰富的知识体系。这些高质量、高强度、高密度的输入量，给笔者的垂直输出做好了坚实的铺垫。

在获取信息之后，如果没有进行思考和运用，大脑很快就会遗忘这些知识。我们只有找到知识之间的联系，并且以教为学，通过写作来梳理知识脉络，形成知识晶体，学过的东西才能记得更加牢固，这样才算完成了输入→思考→输出的学习闭环。

5.3 利用个人标签打造高价值品牌

在社交时代，每个人都为自己贴上各种各样的标签。喜欢摄影的自称摄影达人，做手绘的自称手绘专家，研究服饰、化妆品品牌的自称品牌顾问，更有甚者，为自己贴了一连串的标签。为什么大家都要这么做呢？

这是个人品牌为王的时代，如果没有个人标签，个人品牌就无以为继，别人很难记住你是谁，你是做什么的，你能够提供什么价值。因此，为自己贴上个人标签，已经成为各行各业的人士都在做的事情。

5.3.1 打造个人标签的重要性

打造个人标签是非常重要的，原因主要有以下4个。

1. 标签可以打造鲜明的人设

当你给自己贴上明确的标签后，有利于增强别人对你的第一印象，使其知道你是做什么的，有什么爱好或者特长，当别人有相应需求时也会第一时间想到你，合作就会更加高效。笔者在参加各种线下活动时，自我介绍时都会说"我是一名自媒体写作培训师"，这样别人一下子就记住了我的职业。所以，给自己贴一个明确的标签是一个展示技能和价值的有效方法。

2. 标签可以提升粉丝的好感度

在这个信息爆炸的时代，如果我们无法快速地表达自身的定位属性，那么很快就会被粉丝遗忘。一个精准且鲜明的标签，不仅可以吸引志同道合的朋友，也可以增强粉丝对我们的好感度和认可度。比如笔者的一位学员是二胎宝妈，当她在头条写作时展示了这个标签，吸引了很多宝妈群体，这个身份为她增强了粉丝黏性，给粉丝一种"我们是同类"的感觉，可以快速拉近彼此的距离。

3. 标签可以提升触达精准粉丝的效率

从某种程度上讲，标签就意味着自我包装与营销，打磨出独一无二的标签，可以快速吸引潜在的客户关注，并被你的成绩和人格魅力所吸引。比如，"头条签约作者""知乎大咖""简书专题编辑"，这些标签能够快速吸引对自媒体感兴趣的用户，提升触达效率。

4. 标签可以帮助创作者集中资源发力

标签并非随口一说，还需要做出与之匹配的成就和荣誉，如此标签才会变得更有说服力，也能够获得粉丝的信任感。否则，为自己贴上的标签就变成夸大其词，效果会适得其反。不浮夸、不作秀的标签可以让创作者认准目标，集中资源做出相应的成绩背书，从而建立起专家形象。

5.3.2 打造适合的个人标签

明确了标签带来的种种好处之后，我们到底应该如何给自己贴上比较合适且又能增加吸引力的标签呢？这里分享5个方法！

1. 打造身份标签

每种身份背后都有一批同样的群体，如身份是二胎宝妈、是学生，宝妈标签会吸引有同样育儿经历的人，学生标签也会吸引正在求学中的学生，相同的身份更容易让人找到亲切感和共鸣感。不要认为这些身份标签太过于普通了，只要运用得好就会有奇效，比如一个二胎宝妈是时间管理达人，一个00后学生却是公司创始人，这些打破常规的标签，就很容易带给别人更深刻的印象。所以，千万不要小看身份标签的作用。

文案教学——打造身份标签技巧

以笔者的社群助教为例，她是一位IT专业的大学生，兼职自媒体写作，目前已有一万多粉丝，知识框架也建立起来了。

那么她可以这样提炼自己的身份标签：90后IT专业，自媒体写作达人。

2. 打造技能标签

技能型标签可以更高效地展示创作者的长处和优势，吸引有相关需求和爱好的人群关注。例如，摄影达人更容易吸引摄影爱好者，写作培训师更容易吸引对写作感兴趣的人。我们在打造标签前，可以认真梳理一下自己的优势和专业能力，为自己打造一个展示专业价值的技能标签。

> **文案教学——打造技能标签技巧**
>
> 以笔者的一位学员为例，他是500强企业的销售管理层，在销售和管理的维度上都有不错的成绩与能力。
>
> 那么他可以这样打造自己的标签：500强企业销售总监，团队管理顾问。

3. 打造职业标签

从职业标签切入，既能利用企业为自己背书，还能凸显自己的行业影响力，比如500强企业的自媒体运营经理，品牌公司资深人力资源管理人员，这些职业标签都可以快速引起别人的注意，突出自己的职场资历。

> **文案教学——打造职业标签技巧**
>
> 以笔者的一个读者为例，她是一家房地产公司的资深人力资源管理人员，同时也是头条的职场优质创作者。
>
> 那么她的职业标签可以是：房产企业资深人力资源管理者，头条优质创作者。

4. 打造平台标签

一个好的平台可以为个人提供强大的信任背书，打造更专业的人物形象，比如某人是500强公众号的签约作者，同时又担任过简书编辑，这些平台标签足以使其在人群中脱颖而出，发散光芒的同时迅速获得别人的信任。

> **文案教学——打造平台标签技巧**
>
> 以笔者自己为例，笔者的知乎账号内容获得了50万次收藏，在头条多次入选青云计划榜单和月度优质账号榜单，还是小红书品牌合作人。
>
> 那么笔者的标签可以是：头条青云计划达人，知乎50万收藏写作博主，小红书品牌合作人。

5. 打造故事标签

以笔者为例，提到苏乐很多粉丝会想到几个有代表性的故事：从会计专业转行自媒体；两年间在各平台涨粉20多万；运营小红书8天涨粉5000多个，成为小红书品牌合作人；入驻头条不到3个月入选月度优质账号榜单等。这些故事无一不在体现着笔者的个人品牌势能，同时也强化了用户对笔者的印象。

那么，你的故事标签又是什么呢？很多人可能一时半会没找到什么值得一说的个人故事，在这里给大家几点建议。

(1) 你是怎么开始的？
(2) 促使你转型的事件是什么？
(3) 你获得了什么里程碑式的成绩？
(4) 你做过什么与众不同的事？
(5) 你帮客户实现了什么价值？

文案教学——打造故事标签技巧

以某位知乎名人为例，他从IT专家转型为自媒体博主。

从他的职场故事可以提炼标签：IT软件专家，职场领域优质创作者。

5.3.3 打造标签的注意事项

在知道了如何正确打造标签之后，还需要了解一些注意事项。

1. 知行合一

打造标签应该知行合一，比如，给自己贴了一个高效达人的标签，结果平时做事却拖拖拉拉，这样的标签无疑是自欺欺人，一旦被读者发现了，就会失去他们的信任。标签是创作者的个人品牌，不能做出与品牌相违背的事情。

2. 及时升级

标签要及时升级，一个好的标签可以让用户快速记住创作者，但用了一段时间后，也要及时升级。因为创作者的能力会随着时间增进，如果沿用过去的标签，则可能限制发展，比如过去笔者用的是写作标签，两年过去了，如果笔者要开拓创业的市场，原有的标签明显吸引不了高净值的新客户，这时候就必须进行升级了。

3. 趁早打造成功案例

你的标签是否有相关的成功案例作为支撑呢？比如一个摄影达人，却连一张像样的摄影作品都没拍过；一个写作培训师，却没有一个平台认可他的作品；一个引流教练，自己的平台却没有多少粉丝，这样的标签如何说服别人？

凡事都需要结果导向，所展示的标签必须有相关的数据和案例作为支撑（见图5-2）。否则，标签再牛也是无用的，别人根本不会相信。

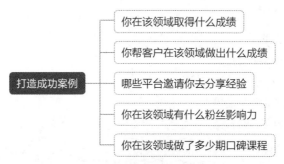

图 5-2　打造成功案例的方法

比如，笔者给自己贴了写作培训师的标签，原因是：富书、简书和千聊等平台都邀请笔者去分享写作经验；笔者曾经用一年的时间在知乎、头条、公众号和小红书写作，获得了20多万粉丝关注；笔者已经举办了30多期写作课，学员上稿平台包括有书、富书、知音、卡娃微卡等数百个知名平台。无论是个人还是学员的成绩，都足够支撑笔者作为一名写作培训师的底气和实力。

说到底，创作者的标签不是自己凭空捏造的，必须是由真实的成绩和经历支撑起来的，这样才能形成创作者在业界的口碑，获得更多人的深度认可。

5.4　打造吸粉朋友圈

网络社交时代，人与人的沟通以线上交流为主。其中，微信是最主要的社交工具之一，那么作为展现自身能力和成绩的阵地——朋友圈，变得前所未有的重要，我们必须认真对其进行打造，以塑造自身专业形象，吸引更多粉丝。

朋友圈藏着一个人的三观、品味、层次和价值，一个精彩纷呈的朋友圈就像一件漂亮的衣服，可以为你的形象增添光彩，一个乏味的朋友圈也会让你的社交形象大大减分，让人在顷刻间对你失去兴趣，并给你贴上低价值的标签。

一个把朋友圈当成店铺认真经营的人，往往在无形之中就能赢得别人的认可和信任。尤其是对于那些在朋友圈进行营销推广的人来说，朋友圈打造是一门必修课。

5.4.1 打造朋友圈的关键点

朋友圈是打造个人品牌的主要阵地，想要让个人品牌更加有价值，要注意以下4个方面。

1. 更换名字要慎重

在朋友圈的经营中，名字就是个人品牌的代表，而品牌是不能时常更换的，必须长期经营才能牢牢占据客户认知，让客户在有某方面的需求时立马想到你，一个固定的名称是树立品牌形象的重要前提。

频繁更换名字，会无形中增加用户寻找你的时间成本，给人一种不稳定的印象，还可能导致用户失去耐心放弃寻找，转而找到其他人服务。此外，如果你打算利用微信打造线上品牌，经常换名字会很难让人记得你，这样就很容易流失潜在客户。

2. 名字中不用生僻字和英文

很多人在考虑微信名时，喜欢用一些罕见的生僻字以显得自己与众不同，但是如果想用朋友圈来打造个人品牌的话，这种名字应尽量避免，因为很多人根本不认识的字，找起来会十分费劲。此外，英文字母最好也不要用，一切不易被记住的元素都要杜绝，好记、好找、又不易重名的称呼是最佳选择。

3. 名字和自媒体平台保持一致

微信名字和自媒体称号最好保持一致，比如有些朋友的微信名字叫"露露"，在自媒体平台中却叫"西西"，名字的不匹配增加了用户的辨识难度。名字的作用应该是让用户知道两者之间的联系，比如笔者的自媒体平台名叫苏乐爱写作，微信名字取名苏乐或苏乐爱写作，大家一看就知道这是同一个人，需要找笔者的时候十分方便，也方便相互之间的引流。

4. 重视朋友圈背景

那些成功利用朋友圈打造个人品牌的创作者，基本都把朋友圈背景这个"黄金广告位"利用得恰到好处。他们会拍一张形象得体的商务照，上面用文字介绍自己的职业和优势价值，然后放置在背景图中。这样，用户只要进入其朋友圈，就能了解到他是做什么的，只要用户有相应的需求，都会第一时间想到他。

5.4.2 打造朋友圈需避免的事

朋友圈的每一条内容都是为塑造个人品牌服务的，想要打造一个有吸引力的朋友圈，必须知道什么样的内容是要避免出现的(见图5-3)。

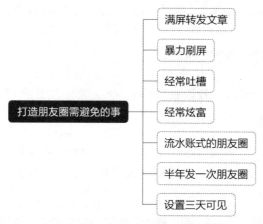

图 5-3　打造朋友圈需避免的事

1. 满屏转发文章

你的朋友圈有这样一类人吗？打开他的朋友圈，满满当当的转发链接，其他什么都看不到，这样的朋友圈给人一种乏味的感觉，好像是一个机器人，完全没有自己的生活。这样的朋友圈内容展示即为无效分享，对于个人品牌的塑造毫无益处，甚至是一种减分行为。

在朋友圈转发文章是可以的，但要注意频率，一般几天一次。分享的同时应配上走心的评论，分享你的看法和观点，这样可以体现你是一个有思想、有主见的人，也不会引起别人的反感。

2. 暴力刷屏

在朋友圈刷屏推销产品的人会觉得这种方式可以换取更多成交机会，孰不知在朋友圈好友眼中这是一种近乎骚扰的行为，非但不会引起他们的兴趣，还可能导致他们的屏蔽、拉黑，甚至删除操作。

朋友圈毕竟是一个公开的平台，大家想看的是熟人的生活和有料的分享，因此，不管我们要推荐的商品或服务有多好，每天发2~3条就差不多了，过度展示只会适得其反。如果不想打扰到亲朋好友，也可以设置好友分组，发布广告内容时，设置仅对客户可见。

3. 经常吐槽

生活中有一类人，总是喜欢抱怨，认为努力了没有得到应有的回报、喜欢的异性对他爱答不理、老板对他的付出视而不见，总之，在他们的世界里，生活充满灰色。于是他的朋友圈也是一以贯之的负能量，碰到什么不开心的事情都要在朋友圈宣泄一番。这种将朋友圈当成情绪垃圾桶的行为，会使好友产生不好的印象，毕竟没人喜欢和浑身散发负能量的人做朋友。

4. 经常炫富

有些人喜欢在朋友圈炫耀精致的生活，打开他们的朋友圈，一股"炫富"的气息扑面而来，手握方向盘不经意露出的名表、朋友送的进口高端食材，高级酒店的网红下午茶……这些事情在朋友圈中发布一两条尚可，可如果每天都是这些内容，不免让人觉得发布者只注意物质享受、拜金、没有内涵。

千万不要把朋友圈变成炫富的秀场，真正值得炫耀的是我们事业上的成绩，是工作中的进步，是精神放松，是家庭圆满。

5. 流水账式的朋友圈

朋友圈是记录生活的主要阵地，但并不是什么都要往上发，今天走路不小心摔了一跤，明天和别人吵了几句，后天吃了一顿梦想已久的大餐，总之什么事都要发个朋友圈。这些内容在那些不了解你的人眼中，是幼稚、情商低的表现。展示自己的生活很有必要，但一味地将自己的生活暴露无遗，会让观看者产生乏味感，进而对发布信息的人反感，因此克制自己发布朋友圈的频率也是很重要的，学会留白是朋友圈社交的一种高级智慧。

6. 半年才发一次朋友圈

你有那种半年不发一次朋友圈，或者连朋友圈都没有的好友吗？又或许你就是这类人？虽然发不发朋友圈是个人的权利，但是如果你想要靠朋友圈来拓展社交圈子、展现个人魅力，还是要积极地进行自我表达，给别人留下一个了解你的窗口，以便建立起更加紧密的联系。

7. 设置三天可见

很多人把朋友圈信息设置为三天可见，也许是平日里比较低调，也许是确实没什么内容值得展示。但对于想要了解你的人来说，三天可见变成了社交中的阻隔，通过朋友圈可以展示的工作、生活、品味、爱好等信息，因"三天可见"被掩盖，确实令人扫兴。比较妥当的做法是，设置为半年可见或者全部开放。

5.4.3 打造吸引人的朋友圈

看完上面的介绍,很多朋友可能会觉得,原来打造朋友圈还有这么多讲究,都不知道应该在朋友圈发什么了。接下来,我们来分享6个朋友圈打造技巧,把这些内容形成一套流程,打造高吸引力的朋友圈就如探囊取物般简单。

1. 分享你的故事

你认为朋友圈最重要的功能是什么?很多人可能没想过这个问题,认为朋友圈就是我想怎么发就怎么发。其实,朋友圈的打造不能那么随意,它承担着越来越重要的社交功能——获取客户和朋友的信任,而建立朋友圈信任的第一步,就是学会分享你的故事。

分享你的职场进化之路、分享你和朋友之间的故事、分享你的生活趣事,故事越多,越有利于打造一个生动饱满的社交形象,越容易打动客户。

> **文案教学——打造朋友圈故事写作技巧**
>
> 作为一名自由职业者,前两年笔者独自撑起一切工作,一个人身兼客服、商务、文案、运营、销售和讲师等角色,很多人问笔者,你平时是怎么做好时间管理的?
>
> 笔者的方法没什么稀奇的,就是简单的6211时间投资法,6成的时间用来工作,2成的时间用来学习,1成的时间用来社交,还有1成的时间用来生活。
>
> 你是如何分配时间的呢?

2. 分享你的观点

一次笔者看了一个节目,一位名人说,她人生的重要等级排名,自己是第一位,她认为只有先爱自己,才能爱别人。笔者无比赞同她的这番话,就写了一些观点发在朋友圈:"女人首先是自己,之后才是妻子、是妈妈、是儿媳,七分爱己,三分爱人,才是刚刚好的分寸,爱别人爱得太满,则容易失去自我,反而不利于其他关系的发展。"笔者的观点在朋友圈引起了大家的共鸣,甚至被多人转发到自己的社交平台。

当我们被某些观点触动时,不妨写一写自己的看法和见解,让别人更了解你的价值观和性格特点,还能引起大家交流讨论的欲望,增加朋友圈互动。

> **文案教学——朋友圈分享观点写作技巧**
>
> 第1点，引用名人观点。
> 第2点，亮出态度，是认同还是反对。
> 第3点，说出你认可的原因与客观事实，引发共鸣。
> 第4点，总结升华，强调观点。

3. 分享第三方评价

作为一名写作课的讲师，笔者很少宣传自己的课程，但课程却期期爆满，如果要说有什么方法的话，那就是笔者坚持在朋友圈分享第三方评价，如学员的听课反馈、读者的评价等。自吹自擂一百句，永远不如客户的一句好评，我们应学会借用第三方的力量，为自己打造更专业的形象。

> **文案教学——引导客户好评技巧**
>
> 您好，很感谢您的信任，这边可以请您做个简单的评价吗？
> 请问您对我的服务是否满意？
> 满意的方面是什么？
> 可以用50字的内容简单反馈下吗？
> 感谢您的配合！

4. 分享你的成就事件

很多人认为，是金子迟早会发光，什么都不用做机会也会来敲门。而笔者觉得，如果你不主动展示自己，金子也会蒙尘。

一个写作培训师如果不分享自己的写作成就，根本没人会相信他的写作能力。
一个摄影师如果不分享获奖作品，根本没人知道他的摄影水平有多么优秀。
一个化妆师如果不分享自己的成果，根本没人知道她的技术如此专业。

不管你从事什么行业，只要有朋友圈营销的需求，就要主动推销自己，展示自己的成就事件，让人看到你的优势和价值。

5. 分享你的生活

俗话说，好看的皮囊千篇一律，有趣的灵魂万里挑一。

想要让别人了解你、认可你，天天发自拍照是没有意义的，朋友圈营销的重点是展示内在价值，你的才华、你的优势、你的资源、你的成长，要像一块魔方一样展示你不同维度的价值，塑造你的人格魅力才是长久的营销之道。

以前笔者也很爱发自拍，认为这就是在打造朋友圈，后来发现这对于提升自我形象没什么帮助。后来笔者将分享的内容改为爬山时的照片，去西藏做志愿者的活动照片，跑步的照片，做早餐的照片，学习插花的照片，参加读书会线下沙龙的照片等，此后便有越来越多的人为笔者的朋友圈点赞、评论。

要在朋友圈打造个人魅力，可以适当发一些自己的生活照，给人一种容易接近的亲切感。判断一个朋友圈打造得是否成功的标志，就是别人打开你的朋友圈，能否一眼看出你是什么性格的人、你长什么样子、你喜欢做什么，如果在三条朋友圈之内就能精准传达出个人风格，那么你的朋友圈营造就是成功的。

如果你的朋友圈中连一点关于你的信息都没有，怎么获得别人的信任呢？卖产品、卖服务的前提是先展示自己，别人只有认可你，才会认可你的产品。先做一个让人认可、让人放心的人，再去营销产品，才是成功之道。

6. 分享你的社交圈

"社交估值"认为，你的价值相当于身边五个密友的平均值。这话笔者十分认可，物以类聚，人以群分，一个人的社交圈就是他的身价。如果你的朋友圈是一群又美又有能力的人，可想而知，你一定也是一个非常优秀的人，因为只有势均力敌、旗鼓相当的人才能玩到一起。

与优秀的人同行才能变得越来越好，某名人赠送的礼物、与行业精英交流的收获、知名作家对你的好评、与某商业名流的合照，这些都可以在朋友圈适当分享，让社交圈成为你的背书。当你身边的朋友都是一群很优秀的人时，你的个人品牌也会提升好几个档次（见图5-4）。

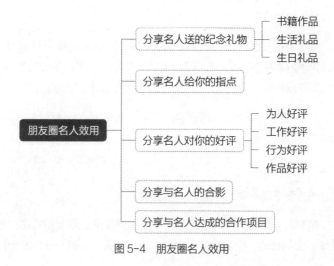

图5-4　朋友圈名人效用

5.5 借力以帮助个人品牌出圈

刚进入一个行业,没有一个人不想快速取得成绩,但仅凭一己之力很难快速"出圈",这时向有实力的人借力就可以起到四两拨千斤的作用。

在这个快鱼吃慢鱼的时代,创作者每天都在与时间赛跑,行动不仅要快,还要花费最小的力气获得最大的回报。懂得借力,并不是走捷径,而是付出自己的时间和劳动以交换能量,这是一种资源整合的高阶思维。

5.5.1 成为优秀案例

笔者的一位学员小五,他是多平台的签约作者,他的作品经常在有书和富书等大号中发表,出过的爆款文章更是不计其数,多次被慈怀读书和洞见等平台转载。虽然笔者不算什么知名作者,但是很多人因为笔者知道了他,也通过他知道了笔者,我们的个人品牌因此绑定在一起,互相帮助,互相促进,他也成为笔者众多学员眼中的写作标杆,笔者多次拿他的文章作为范文让大家学习。

想要打造个人品牌,可以选择一位知名或受到很多同业认可的老师,并在老师的帮助下,多取得一些优异的成绩,这样老师在日常的宣传中也会不时提到,即努力成为对方教学成果中的优秀案例,以获得更多曝光机会。

5.5.2 成为社群的管理员

知名作者的社群一般会请专人管理,有的是从学员当中挖掘人才,有的是对外招募。不管是哪种,帮助这些有知名度的作者管理社群,是一种宣传和推广自己的有效手段。所以,如果某位知名作者的社群目前还没有管理员,或者有扩招的打算,你可以毛遂自荐,主动帮其分担事务。

笔者曾组建了一个内部分享的学习社群,当时就有好几位群成员希望成为笔者的管理员,以此换得和笔者长期学习的机会,笔者欣然应允了,一方面可以考察接下来的助理人选,另一方面可以减少自己的工作量,还能提携新人快速成长,何乐而不为呢?

文案教学——应聘管理员沟通写作技巧

您好，我是××，看到您的招聘邀请，我认为自己非常适合这个岗位，我曾经在××企业/平台担任过相关岗位，有××年经验，获得××成绩，我可以提供××价值。

我关注贵方的平台一段时间了，非常认同贵方的价值观与品牌文化，因此想要加入您的团队，为团队贡献一份热情与力量，请问您这边还需要人手吗？

5.5.3 利用分销孵化个人品牌

很多知名作者的日程表都安排得满满的，如果你没有什么突出的优势，不妨为他们做些力所能及的事情，如帮助他们打造个人品牌，在此过程中也能成就自我。

比如，在知名作者的课程、社群或者新书刚推出时，你可以通过朋友圈、自媒体平台和一切宣传渠道，帮助其进行宣传和曝光，在为作者的事业略尽绵薄之力的同时，也能给自己带来分销利润。一旦你成为这些作者的得力助手，将自己与他们绑定在一起，那么在你有需要时也可以请求他们的帮助。

社交的本质就是互惠互利，当你能够为他人创造价值的时候，也就为自己的个人品牌崛起铺平了道路。

文案教学——分销文案写作技巧

关注××很久了，这位老师在我眼中是一个××的人。每次收看他的课程与文章都能学到很多，他的内容深入浅出，就算新手也能满载而归，学有所成。他教出的学员更是一个比一个厉害，如今，这些学员已经从新手变成细分领域的专家，真诚向您推荐他的作品与课程！

5.6 利用社群涨粉引流，打造明星品牌

社群是基于互联网的网络社交关系，可以是以某种爱好或者兴趣所组成的社会关系链，可以是以地区性为分界的某种社交圈子。想通过微信社群实现涨粉，第一步不是推广，而是要对社群进行筛选，社群的质量决定了涨粉的效果。一个精准粉丝的价值要远远大于多个泛粉。

本节讲述的内容主要围绕网络社群，也就是常见的微信群。微信群在我们日常生活中的使用率非常高，更适合作为营销推广的阵地。

5.6.1 值得重点运营的社群类型

什么样的社群才值得重点运营与转化呢？以下这4类社群(见图5-5)，大家可以了解一下。

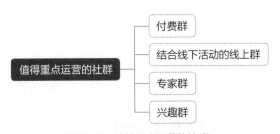

图5-5 值得重点运营的社群

1. 付费群

自媒体运营人员不仅要着眼于粉丝数量，更要严格把关粉丝的质量，如果吸引来的粉丝没有很强的付费意识，后续想转化他们必须投入很多时间，效果也不一定理想。为了营销更为高效、省心，创作者可以将付费群作为营销的重点，哪怕付费门槛很低。付费金额越高的社群，代表社员的质量和层次越高，越高端的用户越值得投入时间和精力。

2. 线下活动群

很多线下活动都会在线上组建活动社群，由于线下活动的参与者都需花费时间与经济成本来到现场，这说明用户对活动有热情，而且行动力也比较强，可能对类似的活动也舍得投入时间和财务成本。因此，这类社群也是自媒体运营人员的重要目标。

3. 专家群

笔者曾加入了一个女性成长社群，进入者必须是某个领域的专家，有过成功案例，这样筛选出来的社员质量非常高。社群中有的人二十多岁已经是多家企业的创始人，有的是某个平台的签约作家，有的是著名图书的御用设计师。

这类社群笔者把它称为专家群，只要加入这样的社群，就可以认识不同行业的专家团队。这类用户的消费能力也非常强，敢于在社群营销并推广自己，不但可以获得经济回报，还能带来更多商业机会。

4. 兴趣群

兴趣群是一群有共同爱好的人共同组建的团体，一次笔者参加了一个线上的花艺学习课，在群中认识了一些创业者，后续与他们有一些合作机会，如在他们的实体店发起小型的分享会，采访他们的创业心路等。

类似这样的社群还有许多，如陶艺群、书法群、蜜蜡群等，参加这些兴趣群的意义在于通过群成员间共同的爱好产生互动与交流，拓展人脉。

5.6.2 社群引流的策略

想要从社群吸引到精准人脉，下面6个策略希望对你所有帮助。

1. 改群备注并打磨个人简介

进群之后，第一件事就是更改备注，把你的名字和职业写上去，然后在社群中进行自我介绍。

这个机会要好好把握，事先准备一份详细的个人简介发到群里。一份优秀的个人简介包括以下4点(见图5-6)。

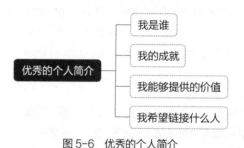

图 5-6 优秀的个人简介

文案教学——个人简介写作模板

【名字】苏乐

【城市】广东

【标签】全网20万粉丝写作博主，知乎50万收藏答主，头条职场领域优质创作者，小红书品牌合作人，2年自由职业者，一年完成100个微成就，阅读200本书的践行家。

【兴趣】写作、读书、摄影、旅行

【我可提供的价值】

第1点，提供爆款文章写作方法，帮助你一对一梳理写作思路。

第2点，提供自媒体平台运营的方法与建议，帮助你更好地进行自媒体变现。

> 第3点，提供3~5个月内完成一本书的方法，帮助你轻松无压力地打造优质作品。
> 第4点，帮助你从互联网零成本获取流量，成为10万+粉丝的腰部达人。
> 第5点，帮助你打造个人品牌，建立客户渠道，提升成交率。
> 第6点，帮助你设计社群和课程的产品体系，将技能与知识轻松变现。
> 【我想链接什么人】
> 第1点，公众号、朋友圈互相推广的小伙伴。
> 第2点，公众号投放软文的企业主。
> 第3点，需要自媒体内部培训的企业主。
> 第4点，想学习写作、个人品牌打造、自由职业转型的朋友。

修改备注，认真打磨个人简介的目的是向群成员详细地介绍自己，从而让潜在客户看到你、联系你，并达成合作，实现精准的社群引流。

2. 成为群管理员

想要在一个群里快速打造影响力，申请成为管理员是最快速的方法。管理员的作用是把群打理好，主动为群成员提供帮助。只要认真负责地处理好群中实务，获得全员的认可和信任，就能提升自身的人气和影响力，这样当成员有需求时，会第一个考虑管理员。

此外，即便不是群管理员，也可以主动为群中成员解决问题。例如，有些人会在群里提问，如果群主没看到或者没办法第一时间给予回复，此时你可以帮忙解答，这也是让别人记住你的方式。不过回答的问题一定是自己了解并掌握的，千万不能在不了解的情况下胡乱讲解。正确且专业的回答能够帮你树立优质的形象，久而久之，成员就会对你产生依赖，并信任你，有助于持续打造在社群中的影响力。

3. 主动分享笔记和资源

社群信息是定时发布，很多群成员因为时间问题，可能会错过信息分享，此时如果你能够把社群的重要信息整理出来，分享给大家，就会获得别人的好感和信任，与人方便的同时给自己积攒人缘。

除了分享笔记，如果有什么好的资源，也可以拿出来与大家分享，一个善于分享、积极主动的人，很容易成为社群里的意见领袖。

4. 学会发红包

发红包不仅是活跃社群气氛的重要手段，也是提升个人曝光度的一种绝佳策略。下面介绍6个分享红包的方法，帮助你快速提升在社群中的知名度，与他人成为朋友。

(1) 感谢包。当其他成员为你解答了问题，或者为你提供帮助后，记得发一个感谢的红包，这样别人会觉得你是一个懂得感恩的人。

(2) 节日包。逢年过节可以主动在群里发红包，顺便带起话题，增加彼此的联系。

(3) 鼓励包。当群成员在群里分享自己的成就时，可以专门给他发一个红包表示鼓励，这可以快速拉近人与人的距离，使关系迅速升温。

(4) 生日包。如果群里有人过生日，可送上红包祝福，毕竟人们都希望被记住、被挂念，在这种特殊的日子收到红包会非常开心，你们的关系也会更亲近一些，当你遇到问题时，对方也愿意给予力所能及的帮助。

(5) 欢乐包。当自己获得了荣誉，得到了奖赏，不要吝啬和别人分享喜悦，发一个不大不小的红包，表达一下对群友们的感谢。这会让人觉得你不仅能力出众且乐于分享，是一个值得交往的人。

(6) 破冰包。在一个社群中，有着形形色色、性格各异的人，大家站在不同的立场上，有时候难免会起冲突，局面很容易陷入尴尬。如果这时候有人发一个红包打圆场，就能够把话题转移掉，也能够给群成员留下比较好的印象。

毫不夸张地说，一个爱发红包的人，在群中的人缘肯定不差，也更容易获得别人的好感。发红包时要注意，红包金额不能太小，千万不要发一个一毛钱的红包，这样不仅起不到吸引群成员的效果，还会给人留下小气的印象。

5.7 微课涨粉，打造自媒体专家品牌

知识付费形式的出现，使得课程涨粉变成了一种新的趋势，许多名人的一场分享会就能带来强大的涨粉效应。很多自媒体运营人员也希望设计自己的课程，通过策划、设计内容、宣传推广等方式吸引粉丝关注。

从2018年开始，笔者通过研究很多名人的课程模式，总结了一套方法论，通过不断迭代和升级设计出了自己的课程体系。本节分为三部分(见图5-7)，即开课前的准备工作、课程开展中的工作、课程结束后的工作，详细介绍打造微课，实现引流的方法。

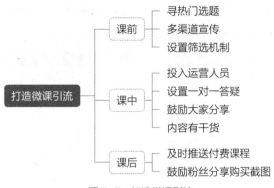

图 5-7 打造微课引流

5.7.1 开课前的准备工作

1. 寻找热门选题

热门选题能够吸引更多人关注,引流效果自然更佳,而小众的选题只针对特定人群,引流效果也较为一般。

以财经课和朋友圈变现课来说,你认为哪一个会获得比较大的关注量呢?答案可想而知,肯定是朋友圈变现的话题更有热度,因为它可以满足绝大部分人的需求,而财经课只适合对理财方法和理财知识有需求的人士。

选题受众广,关注度高,是利用课程引流涨粉必不可少的重要因素。因此,选择热门的课程选题,是成功实现粉丝增长的重要条件。

2. 多渠道宣传

课程涨粉的效果好坏与否与宣传工作有着非常重要的联系。宣传工作越早开展越好,这样可以预留足够的时间进行引流。推广宣传方式除了在朋友圈发布海报外,利用自媒体平台同步宣传也能起到一定的推广效果。

此外,可联合有影响力的朋友一起为课程做推广,进行多渠道的分发。如你可以,多联系朋友,给他们说说你最近打算做一次活动,希望能够得到他们的助力。人多就是力量,有了更多人的助力,课程自然会更加火爆,涨粉效果也会更加理想。

3. 设置筛选机制

课程最好不要设置零门槛,即便是抱着涨粉的目的开展的课程。设置门槛可以保证社员的质量,避免不可控的情况发生。最好的方法是设置两种学习机制:一种是支付1~9.9元的学习费用加入;一种是转发朋友圈免费加入,这样既能满足客户免费学习的预期,又能够让那些不方便转发的朋友,通过付费方式获得进入渠道。

设置一定的门槛能够筛选出一群遵守规则，学习意识比较强，愿意付出的人，这样管理起来比较方便，对于后期的转化也有保障。

5.7.2 课程开展中的工作

1. 投入运营人员

一个课程要想取得比较好的效果，学习气氛是非常关键的。运营人员可以在适当的时候活跃气氛，有效推进课程环节，增强粉丝的互动积极性。

在课程开始之前，运营人员可以提前一个小时进行预热，提醒小伙伴定时听课，做好笔记，引导粉丝邀请小伙伴一起听课，给课程带来引流裂变效果。

课程即将开始之际，运营人员可以做好邀请讲师的开场白，让讲师感受到小伙伴的热情。适当的时候可以发一个小红包增添气氛，提升粉丝活跃度。

课程结束之后，运营人员要维护好评论区，引导粉丝留下问题互动，顺便推出讲师的联系方式，为后续的付费服务做好铺垫。

在课程的每个环节中，都少不了运营人员的协助和推进。除了讲师之外，运营人员也是课程的重要人物。

2. 设置一对一答疑

一个完善的课程应搭配一对一答疑服务，因为粉丝听完课程后，心中必定有各种各样的疑问，所以肯定希望能够和导师一对一交流。当导师为粉丝提供了针对性的答疑后，粉丝对于课程的认可度和满意度会大大提升。

还有一个好处，就是导师在面对粉丝提出的不同问题时，可以跳出原有视角，去了解粉丝的痛点在哪里，他们通常会遇到什么问题，什么东西在阻碍他们提升和进步。如此一来，创作者可以更加了解市场需求，从而打造出贴近用户痛点的产品和服务，真正为客户解决问题。想要打造付费项目，收集和调研客户的需求，也是不可缺少的重要功课。

3. 鼓励大家分享

众人拾柴火焰高，要想将课程的涨粉效果发挥到极致，就要鼓励群成员转发和分享，邀请更多的人参与进来，让课程的曝光度最大化。那么，如何鼓励学习的小伙伴主动进行分享呢？

(1) 分享有礼。可以设置"分享有礼"的活动规则，主动分享学习心得和成果的小伙伴，可以领取一份惊喜礼物。这份礼物可以设置为付费课程的"优惠券",提高成员分享的积极性的同时,提升付费转化率。

(2) 荣誉奖赏。可以设置荣誉奖赏,成绩最好的前三名,均可获得荣誉标签,如××培训学院的优秀成员。每个人都渴望被看到、被发现、被重视、被认可、被称赞,荣誉奖励可以提升学员的归属感和精神力量,也是提升学员对品牌的忠诚度和黏性的重要举措。一个能为粉丝带来持续赋能的品牌,将会成为粉丝解决问题的最佳选择。

> **文案教学——鼓励大家分享的技巧**
>
> 　　在这里,请大家帮个小忙,如果你喜欢我们的课程,请将它分享给身边的朋友,帮助更多人成长。学习就是最好的礼物,相信你的朋友一定会感谢你。
> 　　转发的小伙伴,将有机会获得我们精心准备的惊喜小礼品,只需动动小手指,幸运儿可能就是你。

4. 内容有干货

如今市场上的免费课层出不穷,而质量却良莠不齐,鱼龙混杂,很多免费课的分享内容就是吹嘘自己是怎么"逆袭"的,从头到尾都在讲自己年入多少钱。宣传和包装不是不可以,但不建议把课程变成个人的宣传会,粉丝听课都是为了学习,不是来听故事的,故事只能是配菜,干货才是主菜,千万不能混淆二者的地位。

因此,分享真材实料的干货,才是课程的主要内容,故事只能充当小插曲。粉丝真正关心的是从课程中获得什么,这对于后续的转化会产生非常大的作用,当我们分享的是一些实用性强,可复制、可落地的方法,吸引来的将是真心想学习的人,粉丝的黏性更强。

5.7.3　课程结束后的工作

1. 及时推送付费课程

我们推出免费课程的目的是吸引用户,并使其对课程产生兴趣,进而购买付费课程,所以在免费课程分享结束后,要记得留下联系方式,引导感兴趣的人购买付费课程。为了提升购买率,可以设置一些特惠活动,比如送出100元的课程优惠券,仅限20张,利用福利刺激客户的购买欲。

2. 鼓励粉丝分享购买截图

在销售的过程中,很多顾客面对较高的价格会犹豫不决,这时候如果有人不断分享出购买截图,就等于给客户打了一剂强心针,让客户下定决心进行购买。正如心理学中的"羊群效应"一样,人往往会受群体行为的影响,做出从众的消费决策。

因此,在转化环节,可以设置分享付费账单领取福利的活动,以刺激顾客进行分享,最大限度地提升课程订单的转化率。

第 06 章

自媒体变现
实现财务自由

为什么靠自媒体成功实现财务自由的人那么多？他们的收益到底是从哪里来的呢？有什么变现渠道是新手值得尝试的？

本章主要讲解自媒体的变现方法，为大家分享具体、详细、可复制的自媒体变现手段，即便你是初入行业的新人，看完也能够理解自媒体的变现模式，并进行实操。

6.1 读者赞赏变现

读者赞赏,即读者对自媒体制作的内容很满意,进行点赞并打赏的操作,它是自媒体变现中最基础的一种收入形式。我们平时常见的阅读平台,如公众号、头条、知乎和百家号等,都设置了读者赞赏功能,自媒体运营人员可在这些平台中注册账号,并且开启赞赏功能,当发表的文章获得读者肯定后,便可以获得打赏,金额一般为1~200元。

笔者见过一篇阅读量10万+的公众号文章一点打赏也没有,也见过一篇阅读量仅600多的文章,光打赏人数就有200多人,哪怕每个人打赏1元钱,这篇文章也能获得200多元的赞赏收入。通常,赞赏金额的多少,取决于文章能否打动读者,以及读者是否为忠实粉丝。

想要获得比较高的赞赏金额,要注意:维护好粉丝关系,多跟粉丝互动;真诚地为粉丝解答问题,提升粉丝忠诚度;了解粉丝的深度需求,写出更受欢迎的爆款文。

读者赞赏是比较简单的变现方式,很多人都知道它的具体操作方法,因此就简单介绍一下。这部分收入通常不会太多。

6.2 公众号投稿变现

公众号投稿具有门槛低、写作范围广等优势,但对所有人开放也意味着竞争会更加激烈,尤其是新手在不懂规则的情况下,很容易被退稿。因此,想要顺利开展自媒体写作及变现,摸透规则很重要。

6.2.1 公众号投稿的优势

公众号投稿,是很多新手会选择的自媒体变现方式,原因有以下4点。

第一,可以利用兴趣变现。选择给公众号投稿的朋友,大部分本身就是热爱文字的文艺青年，公众号投稿不仅能写出自己喜欢的内容，还能获取稿费收入，是很多人喜欢的副业模式。

第二，省心省力，变现周期短。经营个人账号，变现周期比较漫长，至少要熬几个月才能看到理想的收益。向公众号投稿，只要将稿子发给编辑，如果通过很快就能得到一笔稿费。相比一个人经营一个平台，投稿显得轻松又省事。

第三，投稿的长期价值高。大部分副业都需出卖时间和劳动力，对于个人提升没有太大帮助。给公众号投稿则可以在副业经营中锻炼技能，随着时间推移，个人的能力不断增长，价值也会提高。

第四，工作比较自由。向公众号投稿，在时间上比较自由，无论是职场人士、全职妈妈，还是学生族，都可以利用空余时间随时随地创作，没有身份、空间和时间上的限制。

既然公众号投稿有如此多的优点，那我们就应该在这一方面多下功夫，争取更高的过稿率，取得更满意的收入。下面将详细介绍公众号投稿的注意事项。

6.2.2 公众号投稿的注意事项

1. 投稿前：了解平台属性，投其所好提升中稿率

在投稿前，需要提前做好功课，了解平台的风格属性，以及对文章的要求，向平台喜欢的风格靠拢，让编辑看到稿子就觉得"这就是我找的文章"，以此提升中稿率。

了解平台调性以投其所好，可以从以下4点入手（见图6-1）。

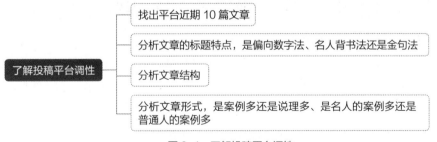

图6-1 了解投稿平台调性

对内容进行拆解和分析后，就能做到胸有成竹，再写文章就更有方向性和针对性，这样可以保证写出来的文章与平台的风格一致。

创作者还应该仔细研读平台的约稿函，约稿函就像写作的操作指南，里面一般都会写明平台对文章类型、字数和排版的要求，把这些要求了解清楚，更有利于创作出平台喜欢的文章,从而提升中稿率。通常来说,公众号会把约稿函放在菜单栏,点击即可查看,如果菜单栏找不到,可以试着给公众号发送"投稿""约稿"等消息,后台会自动弹出约稿函。

2. 投稿中:优化排版,为内容锦上添花

文章排版是对内容的包装,包装好看,更容易吸引别人的眼光,为内容起到锦上添花的效果。因此,创作者在做好内容的同时,还要在排版上面下功夫(见图6-2)。精美大方的版面会给编辑留下好的第一印象,吸引他们打开文章阅读。

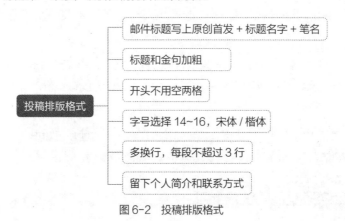

图 6-2 投稿排版格式

(1) 邮件标题写上原创首发+标题名字+笔名,热点文章最好标注"热点",这样可以吸引编辑优先打开文章,以免错过了热点的时效期。

(2) 标题和金句要加粗,以更明确地显示重要信息。

(3) 字号选择14~16号,使用宋体或者楷体。

(4) 开头不用空两格,文章应换行,在手机上显示每一段不超过3行。

(5) 在文末留下个人简介,包括笔名、身份、兴趣、擅长领域和价值。

3. 投稿后:根据不同的情况做出选择

投稿后,如果在约稿函承诺的时间内没有收到回复,多半就是被拒稿了。不过,遇上周末会顺延,如约稿函写明3天内回复,刚好你投稿的那天是周末,那么要从周一开始算起,到了周三没有回复就是被拒稿。

遇到这种情况先不要灰心,找出文章存在的不足,认真修改后再投,还有希望上稿。

有的时候,被拒稿不代表文章不好,有可能是文章不对编辑的胃口,换一个平台投稿可能就过了。因此,在确定退稿之后可尝试另投他处,而不是沉浸在失落的情绪中毫不作为。

要是运气不错,第一次投稿就被录用了,但是编辑希望对局部内容进行微调,创作者要好好配合,编辑的指导对提升写作水平非常有帮助。

接下来要做的就是等待作品发布，除了热点内容会优先发表之外，很多大号都有排稿的情况，不过最迟也会在一周内发布通过的文章。如果过了一周都没有动静，可以适当询问一下编辑。

这里要说的是，很多人投完稿后，就一直在等消息，浪费了很多时间。正确的做法应该是趁热打铁，加紧写稿，争取写出更多符合公众号要求的文章，不断提升自己的写作水平，把偶尔中稿变成稳定上稿。

6.2.3 公众号投稿的误区

在写作培训的过程中，笔者接触了大量的写作新人，在缺乏指导的情况下，大部分新人都会遇到各种投稿问题，以至于第一次投稿就被无情拒稿。这种时候如果不找出问题所在，不仅会影响写作者的心态，对于其未来开展自媒体之路也是一种阻碍。

自媒体运营者应注意避免以下4个误区，对提升中稿率有很大的帮助。

1. 喜欢盯着大号

公众号征稿是对全国的创作者开放的，顶尖写手自然会盯着大号投稿，毕竟谁都想借助大平台的影响力打造个人品牌。因此，新手如果只选择向大号投稿，就要与顶尖写手竞争，除非内容特别精彩，否则胜算不大。

作为新进写手，应该从公众号平台中选择知名度一般的小号开始投稿，一方面过稿率会高一些，另一方面也能通过不断的写作提升自身水平。待文章写得越来越好的时候，再和大号中的高手竞争才更有把握。

2. 喜欢先写稿再找平台

由于新手没有经验，通常喜欢先埋头写稿再去找平台投稿，这样做的弊端是很明显的：要么就是找不到适合投稿的平台，比如写的是小说或者影评类，结果发现征稿的平台非常少，找了半天都没看到适合的；要么就是文章不符合平台的调性，因为风格悬殊最后被退稿。

因此，自媒体运营人员想要保证上稿率，就要懂得量体裁衣，先了解平台的调性和风格，再打磨文风相近的内容投稿。

3. 不看公众号文章

如果对新媒体文章没有一个大概的了解，就会发生用纸媒思维去写新媒体文章的情况，结果只能被退稿。

纸媒和新媒体文章的写法完全不同，纸媒可以全篇都是理论，新媒体更注重可读性，需要加入故事和案例提升内容的趣味性。投稿前，建议大家认真了解公众号文章的特点和风格，与时俱进，不断学习，才能写出更多符合要求且内容精彩的文章，享受到自媒体时代的红利。

4. 用曾经发表过的文章去投稿

平台以稿费作为鼓励，就是希望获得原创的内容，如果创作者拿着曾经发表过的文章去投稿，会让平台认为作者不重视这个机会，甚至认为作者不尊重平台，此后不再合作。这种低级的错误千万不要犯，只要交稿一定要保证文章是原创、首发。

原创指的是内容是创作者自己写的，不是抄袭的，否则会影响平台的口碑，也会造成平台与作者的纠纷。首发指的是第一次发表，文章没有在其他平台发表过，也不能拿曾经在纸媒发表过的内容去投公众号。

公众号投稿确实是一个副业变现的极佳选择，对于有稳定工作的人来说，更是一种探索多样人生的渠道。投稿的过程中，通过编辑的建议能快速提高写作技能，会遇到一些志同道合的人，也会得到丰厚的物质回报，还能借助平台资源打造个人品牌，可谓一举多得。

6.3 软文写作变现

这几年，软文写作是一种很热门的自媒体变现方式，通常是商家给出具体的写作要求，通过作者提供的稿件，对产品进行宣传和推广，从而提升销量。

软文不像传统的推广文案那么生硬，也不会引起读者的反感，甚至会让读者在无形中被"种草"，迫不及待地想购买产品！这就是软文的魅力，也是越来越多商家需要软文写手的重要原因。

由于是出于商业目的而撰写的一类文案，因此，软文的条条框框比较多，要求也比较严格，不过价格也会相对比较高。下面就来具体介绍一下软文的变现方法。

6.3.1 软文写作的变现方法

1. 与甲方对接约稿要求

软文约稿就是帮甲方撰写关于产品宣传推广的文案，但广告味道不能太浓，要从分享的角度给粉丝介绍产品的亮点和优势，在粉丝乐意接受的情况下购买产品。

在开始撰写之前，建议和商家进行详细沟通，了解对方的需求，了解产品的特点，确定写作的切入点。有了大致的思路后可以与甲方再次沟通，然后才开始撰写，以免写好的文章不被甲方认可。

2. 软文约稿的价位

一般来说，软文约稿的价格在300~3000元，具体的价格与软文难度和字数相关。不过，就议价能力来看，大平台的签约作者更容易谈到好价格；创作者的个人品牌越响亮谈价的筹码越大。而没什么名气的作者一般没有谈价的优势。

3. 从哪里约稿

了解到约稿要求和报价技巧，就可以进行约稿了。接下来介绍3种软文约稿方式，帮助自媒体运营人员找到更多约稿渠道，实现写作变现。

(1) 从写作导师那里获得软文约稿。如果写手参加过写作课，可以咨询导师有没有相关的软文写作任务。我们平时也要多展示自己的写作能力，如在某个大号上稿了，可以转发朋友圈，让别人知道你是有实力的；在和导师打交道的过程中，要做到凡事有反馈，交代有落实，给人留下靠谱的印象。这样有比较好的机会时，导师就会想到你，也会愿意介绍客户给你。

(2) 多平台发布内容。在不同平台发布内容，保持账号的活跃度，有利于提升个人品牌的曝光度。这些发布的内容可以理解为是你的自媒体简历，你的内容写得怎么样，有没有驾驭软文的能力，别人一看就一清二楚，这样省去了沟通成本，提升了对接效率。因此，平时要以写作精品的水准要求自己，保持稳定发挥。

(3) 加入软文对接群。为了提升资源对接效率，手握资源方会组建相应的微信群，里面有寻找写手的甲方，也有很多想通过写软文增加收入的作者，加入这样的软文对接群，可以更快地找到我们想要的变现渠道。我们可以咨询关系比较好的编辑有没有这方面的资源，如果方便的话请他拉你进群；也可以咨询一些从事自媒体行业比较久的朋友有没有这方面的群可以推荐；还可以在QQ中输入软文群、写作群等手动搜索，寻找潜在的机会。

6.3.2 优质文案写作技巧

软文的写作难度要比普通文案高一些，但只要掌握相应的写作技巧和方法，即便是新手也能快速写出优质文案，以下分享4个软文写作技巧。

1. 重视用户思维

写软文最重要的一点是洞察用户的深层需求，这需要创作者拥有用户思维，能够站在用户的角度去觉察他们的需求，了解他们的心理。

举个例子，当打算为一款儿童智力开发玩具撰写软文时，你会怎么设计卖点呢？

普通的作者只会围绕价格、功能、外观大做文章，厉害的作者则能洞察家长的需求，他们能够换位思考。作为家长肯定更关心这款玩具能否给孩子带来帮助，能否引导孩子学习和成长，这款玩具是否安全。通过这样的思路转换，写文章的时候就更能抓住家长的痛点，这样才能真正说服家长下单。

这样的思路适用于各类产品的软文撰写，即不要写产品有多好，而是写产品能够解决什么问题；不要写产品的价格，而是要强调产品的价值。

2. 增加场景描述

文章中应设置一个场景描述，这个产品能够在什么场景下，解决什么问题。例如，"送礼只送脑白金"就是场景描述，当用户要送礼时，就会一下子想到脑白金。

在任何一个产品的营销中，都需要学会利用场景描述增强用户对品牌的感知度，在用户心中种下一个心锚。以面膜软文为例，在用户的多个需求当中，建议锚定一个场景做营销，比如缺水就用黄金面膜，毛孔大就用黑炭面膜，这些都是根据用户需求做出的个性化场景设置。

3. 增加故事案例

软文的最大特点就是"软"，不再是过去那种硬邦邦的广告，一上来就推荐产品。因此，软文要写得引人入胜，就要增加故事和案例。比如，哪个明星在用这个产品，哪些客户用完这个产品获得了良好的改善，这些故事可以增加软文的真实性和可信度，成为产品的质量背书。

4. 增加社会认同

香飘飘有句特别出名的广告语：奶茶销量可绕地球两圈。这足以见得这款奶茶的品质非常好，才有那么多顾客愿意购买。

同理，在写软文时也可以利用社会背书来影响顾客，比如多少人买了这款产品，多少明星都在用，多少人给了好评等，这些社会影响力都会让顾客更愿意选择这款产品，毕竟那么多人买了，还有什么不放心的呢！

大家在网上购买东西的时候也是这种心理，不知道这款产品到底怎么样，就会查看其他人对产品的评价。如果好评如潮，顾客就会毫不犹豫地下单；如果差评特别多，就算店主介绍得天花乱坠，顾客也不会购买。社会认同就像给客户吃了一颗定心丸。

6.4 问答红包

对于兼职自媒体的创作者来说，每天写一篇文章并不轻松，这样的自媒体运营人员可以选择以问答为主要写作形式。在问答平台上写作的篇幅长短不限，而且选题是现成的，不需要每天绞尽脑汁考虑话题，收入也比较稳定。

6.4.1 事半功倍的答题技巧

答题要讲究方法和技巧，不能是看到什么都随性写几句，这样答题无法取得很好的效果。想要写出优质的答案，需要掌握一些技巧，下面分享5个可复制的答题方法。

1. 遵循总分总结构

总分总结构是指在内容开头先说结论，中间说明理由或者原因，最后再对内容加以升华和总结。例如，针对"创业真的比上班好吗？"这个问题，假设你认为创业比较好，则答案开头可以直接点明主旨，说明创业更好，然后写出理由是什么，把每个点罗列出来，最后给出总结。

2. 结合案例

干巴巴的理论比较难理解，会使读者失去阅读兴趣。所以，我们可以在内容中加上一两个简短的案例，有助于提升可读性和说服力。

3. 具备权威度

答题时切勿自说自话，一定要找到专业的理论知识或者名人言论作为证据以支撑观点，使读者信服。

4. 别出心裁

想在成千上万的回答中脱颖而出，我们可以尝试给出令人耳目一新的观点，引发别人的关注甚至是反对，并能展开讨论，这样你的回答才能让更多人看到，获得更多的点赞。如果只是人云亦云，那么答案只能淹没在众多内容当中。

5. 方法落地

想要写出优质的回答，内容翔实是非常关键的，这决定了读者能不能从中有所收获。举个例子，在回答"普通人如何提升写作能力？"这一问题时，如果只是简单地告诉读者，多读、多写、多练，这种正确但无用的答案，对于读者来说毫无价值。正确的回答是把内容延展开来，把知识掰开、揉碎，让读者能够拿来即用，这样才能让人有醍醐灌顶的感觉，如多读，应该读什么、怎么读，读完怎么运用知识点，这才是读者的刚需和兴趣点。

6.4.2 常见的答题误区

你是否遇到过以下问题：

回答了很多题目，却没有人点赞和评论？

很认真地找题答题，却始终没有通过认证？

别人的回答和自己写得差不多，但就是更受欢迎？

下面总结了3种情况，快看看你是否走进了答题误区！

1. 回答的题目和领域无关

虽然现在很多问答平台不再像以前那样要求作者必须专注某一领域，但这并不代表创作者可以随意答题，如果看到什么题都答，很快你的账号就会变成"大杂烩"，今天写职场类、明天写情感类、后天写财经类，读者根本不知道你的专业领域。慢慢地，账号就会失去辨识度，吸引的粉丝也不精准，这反而会让账号更难变现。

2. 对题目不加筛选

问答平台中有很多这样的作者，他们回答了非常多的题目，但就是没有流量，却不知道问题出在哪里。其实，他们可能是犯了一个常见的错误，即只要有人邀请，他们都会回答，可回答的题目大部分都没什么人关注。

创作者不能一味地低头答题，而对题目没有一个基本的判断，走错了方向即便再努力也无法得到想要的结果。找到正确的方向才是成功的前提，因此我们在答题前一定要先观察题目的热度和其他用户的关注度，筛选出比较有讨论性的问题进行解答。此外，依然要保证问题与自身定位有联系。

3. 内容没有提供价值

你是否产生过这样的疑问？明明觉得自己的内容写得非常好，但不知道为什么，就是没几个点赞和评论，涨粉更是屈指可数。出现这种情况，最根本的原因就是你提供的内容没有价值，读者看完没有收获、没有触动，自然就不会认可。判断内容有没有价值有3个标准：有用、有趣和有料。我们可以自查一下，看看以往的答案是否符合这些标准。

6.4.3 独门选题方法，让你少走弯路

想要获得比较高的阅读量，一定要在选题上下功夫，题目选对了，就算你的回答不是特别优质，也可能获得关注，但是题目不对，就算你写得非常用心，内容精彩绝伦，阅读量依然很难达到预期。要筛选优质题目，需要注意以下3点。

1. 看关注量

回答问题前要先看一下这个题目的关注量。通常情况下，关注量应不低于50个，如果关注量很少，甚至没有几个，这样的问题就没必要回答了。不过也要注意是否有特殊情况，比如这个问题比较新，或者问题涉及的领域是全新的，无太多人能回答。这时应对此类问题做出详细而认真的答复。

2. 看收藏量和回答量的比例

如果一道题收藏量是500个，这说明有500人关注，是一道热门题目。可如果题目的回答有2000个，那么此时则不建议回答这个题目，因为答题的人太多了，我们很难从中获得流量。

3. 看这道题有没有过期

一些新手由于没有经验，看到一道热度不错的题就着急回答，没注意题目已经过期了，这种题目即便答得再认真也无人观看。怎么判断一道题有没有过期呢？可以先在手机上把这道题收藏起来，然后在电脑端打开，如果题目上出现"已过期"字样就不要回答了，如果没有就说明这道题还在征集答案，可以回答。

学习不是完全复制别人的经验，而是吸取经验后形成自己的判断标准。例如，刚刚讲到的关注量低于50个不要回答，这个数字仅仅是一个参考范围，并非固定不变的标准，大家可以根据实际情况灵活变通。

6.4.4 排版精美，让答案更精彩

手机阅读时代，读者对内容的要求比过去高了不少，以前只要内容写得好，就容易受到读者青睐，如今阅读方式改变了，从纸上阅读转向手机阅读，人们对内容的要求不仅要写得好，还要视觉效果舒服和美观，没有阅读压力。因此，创作者在答题的过程中，除了要注意内容，还要注意排版是否整齐美观。

排版不是小事，一定要足够重视，如果排版没做好，内容再好读者也可能会因为阅读不便而放弃。想要让内容变得更有吸引力，这4个排版要求应严格遵守。

1. 分点说明

为了让回答看起来更有层次感和逻辑感，建议把理由分点说明，第一是什么、第二是什么、第三是什么，这样读者一看就明白你的思路和表达层次。版面整体看起来也更加美观。

2. 注重图文并茂

如果内容只有一堆文字，则看起来会比较枯燥，若配上与主题相契合的图片，可以突出主要内容，还能丰富内容的可读性。

3. 小标题和金句加粗

文字中的小标题和金句可以适当加粗，一来可突出答案中的重点内容，二来可以让版面看起来主次分明。

4. 多换行

由于很多用户的阅读设备是手机，屏幕小，可展示的范围有限。如果文字太多、太密，难免会给人不适感，特别是年纪大一些的用户对黑压压的文字更是看不清楚。所以，我们在编辑版式时可适当换行，让文字读起来更轻松。

6.5 一对一咨询变现

一对一咨询变现到底是怎么回事？为什么仅仅帮人解答问题就能获得收益？具体的变现步骤是怎样的？作为新手如何结合自己的经验与知识切入呢？本节将为大家揭开谜团。

一对一咨询指的是咨询者通过付费的方式，向专业人士进行提问，获得解答。比如，很多读者通过知乎或者微信找笔者付费咨询写作、自媒体、职场规划、自由职业等相关问题。

6.5.1 一对一咨询的价值和意义

一对一咨询具有针对性，通常是专家应用自身专业经验与知识为咨询者答疑解惑，能够提出个性化的解决方案，这是其他渠道无法具备的优势。目前很多专业的平台都在开展这项业务。从长远来看，一对一咨询至少有6个方面的价值。

1. 给用户认识创作者的机会

选择一对一咨询的用户大多都是遇到了无法解决的问题，希望能够通过和创作者一对一的沟通，得到比较专业的解决方案。一对一咨询给创作者和用户之间提供了一次深度沟通的机会，能加深彼此的互动，如果创作者能够提供切实可行的解决方案，那么用户很容易转化成忠实粉丝。

2. 提升高价产品的转化率

一对一咨询的收费比较低，通常是作为一种服务体验，用户体验后感觉效果不错，后续可能会参与或购买创作者的其他付费课程。

例如，笔者在知乎开通一对一咨询后，因为笔者解答问题时有细节、有方法、有案例，很多用户感觉比较实用，所以咨询结束后，他们会主动报名笔者的写作课程。

3. 打造客户口碑

创作者开通一对一咨询服务是打造优质案例的绝佳方法。一般用户在咨询后会对服务进行评价，当用户给出好评后我们就可以把咨询过程截图发到朋友圈，让其他用户看到，从而吸引更多人来咨询。同时，良好的咨询口碑，也能打消其他客户的顾虑，从而带动其他付费产品的销量。

4. 了解市场需求

当创作者服务了足够多的客户，积累了更多的行业案例后，可以总结出用户问得最多的问题，了解他们都在关注什么、讨论什么，继而快、准、狠地把握用户需求，打造出适合他们的热门产品。

5. 增加收入

创作者通过做一对一咨询可以增加收入。以笔者为例,从一开始每个月只能接到几单用户的咨询业务,到后来的平均每个月有20多单,最火爆的一次是微信中一天内就接到20多单咨询。后来笔者的服务范围也在扩展,价格也在不断提高,从个人咨询到给企业做一对一的定制方案,每个月仅靠一对一咨询就有不少收入。

6. 精准解决用户问题

一对一咨询最大的优势,就是能够根据每个人的疑难杂症给出不同的"药方",这种个性化的服务,越来越受到用户的青睐。一对一咨询能够照顾到个体的差异性,针对不同的人群给出定制方案,进而提出切实可行的有效方法。

6.5.2 一对一咨询的注意事项

做好一对一咨询服务看似简单,其实要注意的事情也不少。在从事一对一咨询工作的过程中,要注意以下问题。

1. 一对一咨询的前提

想要打造一对一咨询业务,有几个必要的前提条件:

(1) 多平台打造专家身份。用户希望找到专业人士解决自身问题,因此我们在做一对一咨询服务前要在不同的渠道打造专家身份,无论是朋友圈还是自媒体平台,要有意识地、持续地输出自己的行业见解,让用户信服你的能力,继而变成付费客户。

(2) 积累足够多的忠实粉丝。想做好一对一咨询服务,需要足够多的忠实粉丝,毕竟愿意花钱买服务的粉丝是少数,粉丝越多也就意味着潜在客户越多,转化和成交的机会就越大。

(3) 利用第三方评价推销自己。当完成一笔订单后,要及时把顾客的好评分享出来,这样别人才知道你在做这件事,也能通过第三方的评价了解你的服务质量。这样一来,如果用户有这方面的需求,就会第一时间想到你,或者把身边有需求的朋友推荐给你。

2. 一对一咨询中的相关事宜

(1) 为顾客推荐一些配套产品。当顾客认可你的服务时,可以趁热打铁给客户推荐一些配套产品(见图6-3)。我们可以先简单说明配套产品的优势和价值,让客户对产品有所认知,以后有需要时会来购买。知识付费内容不是快销产品,怎么让客户多次购买产品和服务,是每个自媒体人应该着重考虑的问题。

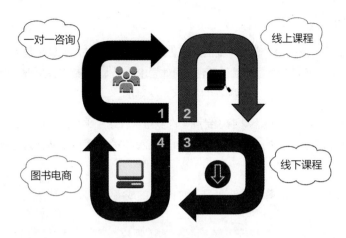

图 6-3 给客户搭配成套服务

（2）建立私域流量。当我们在各大平台上为用户做一对一咨询服务后，要及时把这些客户引流到我们的个人账号中，建立私人流量池。这样当我们以后有什么新产品或者新服务时，就可及时联系客户，也能进一步加深彼此的沟通。

6.5.3 新手必知的咨询平台

前面讲述了这么多咨询服务的好处，那么哪里能够开展一对一咨询服务呢？下面介绍3个重要的提供咨询服务的平台，它们各有千秋、各具特色，大家可以根据自身情况酌情选择。

1. 微信平台

在微信平台做一对一咨询的好处是更直接，沟通起来更有效率，而且没有第三方平台抽成，价格设置也比较灵活，不需要用统一的价格面向不同的用户。

不过，微信咨询也存在一些缺点，比如缺乏第三方平台担保，会让一部分比较谨慎的用户犹豫不决，造成用户流失。

2. 知乎平台

在知乎平台，只要创作者达到了一定的等级，就可以开通一对一咨询服务。服务价格可由答主自行设置，通常在几十元到几百元之间。用户下单一次可提6个问题，咨询后系统会自动结束订单，咨询费用会自动进入答主的账户。如果答主没有在48小时内回复用户，那么这笔订单的费用会退回给用户。

在知乎做咨询的好处在于规则明确，有第三方做担保，双方的利益都能够得到保障。

3. 在行平台

在行是专业的咨询平台，随着产业的成熟，如今在行的入驻门槛越来越高，需要具备一定的行业经验和粉丝影响力才能申请。平台的具体要求为：入驻专家需有微博粉丝100万，知乎粉丝15万。对于普通人来说，这些条件是比较难达到的。

当然，入驻门槛高，也就意味着收费高，许多行家在这个平台的收费都是每小时几百元到几千元。在在行平台咨询的客户都具有比较好的经济条件，很容易转化为付费课程与社群的优质客户。

如果创作者的粉丝足够多，在专业领域也有不错的成绩，那么在行平台将非常适合你。

6.6 付费社群收入

将社群经济应用得最好的企业莫过于小米。每当一款新型小米手机推出之前，公司都会把粉丝们聚集在一个社群里，动员粉丝提出优化建议，让粉丝们体会到充分的决策感与参与感。如此一来，当手机推出市场后，这些粉丝们就会抢购。

小米手机把社群营销运用得出神入化，凝聚了一批铁杆粉丝死心塌地地跟随品牌，也因此获得了巨大的商业回报。

把社群营销做好了，带来的变现价值将超乎想象，本节就具体来说一说如何做好社群营销。

6.6.1 社群的意义与价值

社群顾名思义就是由社会群体组建而成的网络圈子。平时看到的线上读书群、写作分享群、公司内部交流群都属于社群的一种。社群有着规范的纪律和明确的目标。

想要做好社群并非一件轻松的事情，这要求创作者有一定的组织能力，能够把一群陌生人聚到一起，还要给社群赋予明确的价值观，从而激活社群的能量和价值传递。

随着社群经济的崛起，不管是个人还是企业，纷纷组织起社群进行营销，这种现象体现了社群的商业价值。社群的好处和作用比想象中要多得多：

社群运营能够为个人和企业带来批量成交，发挥出强大的规模效应，更容易孵化出品牌的忠实用户。通过社群交流，能够给足用户参与感和话语权，满足用户的精神需求，这种极致体验，大大提升了用户对品牌的依赖感和归属感。

企业和品牌需要社群带来的势能，个体同样需要，因为社群能够放大一个人的影响力，通过互联网对资源进行集中管理，进行高效的商业置换。社群这种一对多的裂变成交，可以降低商业成本，获得最大的经济回报。

6.6.2 常见的社群类型

社群的种类丰富多样，根据不同的属性，可以采取不同的运营技巧。总的来说，社群主要分为7种类型（见图6-4）。

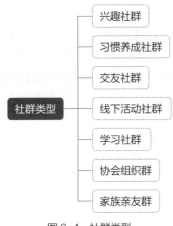

图6-4 社群类型

1. 兴趣社群

这几年，各类兴趣社群屡见不鲜，如摄影群、旅行群、书法群，因为相同的兴趣，天南地北的人通过互联网在一个圈子内相遇。这类社群中的成员有相同的爱好、追求和话题，更有归属感，很容易融入集体。

2. 习惯养成社群

习惯养成社群，是通过社群的氛围使群成员一起坚持做一件事，这种社群的作用是，当一个人不想坚持的时候，看到别人依然在行动，自己就不好意思放弃了。例如，笔者参加过一个"百日打卡"活动，参加的朋友交上押金，每天坚持把日复盘发到群里，坚持打卡100天，就能获得全额退款。习惯养成群可以帮助我们完成自己无法坚持的事情，群成员之间既相互鼓励，又相互监督。

3. 交友社群

交友社群的目的是帮助成员拓展圈子，扩大社交范围。对于现在的年轻人来说，社交孤独变成了一种普遍现象，网络社交成为年轻一代的新选择，只需一根网线，足不出户就能认识兴趣相投的人。

4. 线下活动社群

线下活动社群是指由线下认识的朋友组成的线上群，这样即便大家不在一个城市、一个国家，也可以通过线上社群的方式保持联系，分享信息。比如，某次笔者去参加了一个理财讲座，活动结束后参加的人员便组建了一个群，平时没事大家会在里面聊天，如果有新的活动也会在群里通知，大家就这样在群中保持联系，维持亲密的关系。

5. 学习社群

知识付费的出现，使得社群经济的发展达到了巅峰，不管是什么课程，都需要结合社群进行交流与分享，如常见的职场规划群、英语学习群、读书培训群等。这样的学习社群，群成员可以相互咨询问题，分享相关信息，有效增强了学习的氛围与效果，也提升了大家对学习社群的归属感。

6. 协会组织群

协会组织群通常是将有着相同爱好和追求的人组织在一起，比如收藏家协会、作家协会、读书协会等。这些协会具有一定的门槛，需要有一定的作品影响力或名气，加入这样的协会，一方面可以提升个人品牌的背书，另一方面可以结识更多志同道合的朋友，达成更多合作。

7. 家族亲友群

相信大家的微信里肯定有那么几个家族亲友群，家人们组成这样的群体分享日常生活、增加感情互动。这样的群体是以情感链接为主的，不掺杂商业目的，因此群中交流一般都是以聊天为主。在群里，大家可以卸下心防，找到内心的港湾，毫无顾忌地发表自己的看法。

6.6.3 社群变现方法解析

运营过社群的朋友，想必遇到过这样的情况：社群刚组织时，大家聊得很热闹，但是过了一段时间，群中便逐渐没人交流了，只是偶尔有人发布一些广告信息。这样的情况会使成员感到这种群毫无意义，转而退出。那么，怎么才能运营出一个既活跃、口碑好，又能变现的社群呢？

1. 主题明确

社群的主题相当于一个圈子的灵魂，没有灵魂就很难释放出生命力。因此，在组建一个社群之前,务必考虑清楚社群的目的。无论什么社群,如读书社群、摄影社群、女性成长社群,主题都必须清晰明了,这样才能吸引目标人群加入。否则,加入的人员不符合社群风格,反而会影响社群的日常交流和信息分享。

2. 提供足够的价值

加入一个社群,肯定是希望通过它获得一些东西,可能是认识一些新朋友,可能是获得技能上的提升、可能是得到新知识。不管怎样,没有人希望加入一个毫无价值的社群,毕竟大家的时间都很宝贵,如果一个社群每天都在闲聊和发布广告,那么群成员很快就会失去兴趣,或屏蔽或离开社群,这样一来,组建社群的意义将荡然无存。

想要一个社群能够顺利运营下去,赋予社群足够的价值至关重要,社群组织者可通过各种活动,提升社群活跃度。可以定期发起一对一答疑的活动,可以鼓励大家进行交流,可以带领大家进行读书复盘,可以定期邀请老师和专家进群分享。积极的措施才能保证社群不断传播和扩大,让每个成员都能有所收获。

3. 设置规则

所谓无规矩不成方圆,在社群的运营中,如果没有明确的规则,并严格执行下去,那么就会影响其他人的体验,这个群就不会有强大的凝聚力。因此,从设置社群的第一天开始,就要告知成员群里的规则是什么、每天应该做什么、不能做什么、违规了如何处置等,规范成员的行为。如果没有严格的管理方式,社群很难延续下去。

文案教学——社群规则技巧

- **社群鼓励**
  积极交流与学习有关的内容。
  积极参与课程学习。
  积极参与提问活动。
  积极维护社群文明。
  积极遵守社群规则。

- **社群禁止**
  发布广告内容。
  发布其他无关的课程链接。
  发布拉票内容。
  讨论国家政治话题。
  不文明用词。
  不礼貌发言。

4. 设置门槛

没有门槛的社群，群成员的素质会参差不齐，因此在设置时，我们宁可做一个小而美的优质社群，也不要牺牲质量去做一个表面热闹但毫无内涵的社群。

社群的能量和价值不是由人数多少决定的，而是由社员的素质决定的。越优质的社群门槛越高，比如学历门槛、工作门槛、成果门槛等，只有将不适合的人挡在门槛外，才能让符合要求的人在社群中更好地交流，以形成良好的社群氛围。

文案教学——社群门槛技巧

第1点，您期待从课程获得什么。

第2点，您目前遇到的问题或者痛点是什么。

第3点，您做过的成就事件（比身边人厉害即可）。

第4点，您在进群后可提供的价值。

第5点，您期盼成为什么样的人，是否有自己的榜样人物。

---

5. 保证成员的多样性

社群的核心价值在于成员之间的交流，实现资源和信息的流动，这样才能把社群的力量发挥出来。在笔者的知乎交流群中，有畅销书作家，有平台粉丝十多万人的作者，有小红书品牌合作人，有社群运营方面的专家，有靠小说月入五位数的兼职写手，有经营企业的00后斜杠青年，有基金理财方面的达人。大家在一个社群里互相交流和学习，彼此之间形成了能量流动和信息置换，这就是一种跨界学习。

当然，不是每个社群都能采用这样的人员结构模式，除了不同行业的跨界人才，不同能量的人群组合方式也可以支撑起一个社群的能量场。以写作交流群为例，群里面最好有10%的写作高手，30%的写作达人，60%的写作新手（见图6-5）。高手可以为这个社群赋能，实现自身价值；达人可以在社群中得到成长，获得认知提升；新手可以吸收社群能量，加速进步。

多元化的角色，不同等级的成员，得以组成了一个丰富的社群生态，大家在这样的环境中才能实现认知和人脉进阶，继而实现人生价值的跃迁成长。

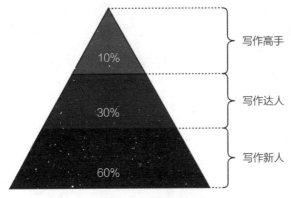

图 6-5　写作群组成结构

6. 设置管理员

社群中可找几个平时表现活跃的小伙伴协同合作，共同管理社群。如果是临时组织的社群，当天分享完就解散了，那么投入一个管理员即可，如果是超过一个月的社群，最好增加人手，以便随时跟进成员的动态，及时为成员答疑。

7. 设计转化环节

一个社群能否成功变现，在于运营思维。组建一个社群需要花费很多成本，如果没有转化和成交，一切付出都是白费的。

做社群本身是商业行为，并非只是拉一帮朋友一起聊天，互相消磨时间那么简单。当一个社群组建后，要牢记目的就是转化，这样才能达到建群的效果。因此，不管做什么社群，有一点是不会变的，那就是付费成交。社群只是前端，变现和转化才是后端。前端和后端互相配合，才能实现社群变现。

6.7　课程变现

课程变现是一种比较高阶的变现方法，适合在某个细分领域比较专业、有个人品牌支撑的创作者。自媒体运营人员若想通过这种方式变现，就要不断地积累专业知识，提高自身能力，打造个人品牌，以实现课程变现。

课程变现是指通过销售课程赢得收益的变现形式，它也是知识变现领域的主流形式。随着社会环境的变化，越来越多的人意识到要靠不断学习来提高自身的社会竞争力，这使各类课程异常火爆，许多公司和个人将知识内容做成在线教育课进行销售，行业规模逐渐扩大。本节从课程的内容维度和运营维度来讲解课程变现的模式。

6.7.1 课程内容的打造

1. 差异化定位

随着在知识付费领域的迅速发展，课程类型五花八门，同质化趋势严重。因此，要想打造一门火爆的课程，差异化是竞争的核心元素。

笔者打造的第一个课程是一对一写作课，其中"点评"是该课程的一大特色，这也是很多学员在众多课程中选择它的原因。对于写作新手来说，最渴望的就是有人手把手教，写完文章能够得到一对一点评，找到写作存在的问题，进行调整和更正，而笔者的写作课刚好可以满足这些需求。目前课程已经做了30多期，大家体验过课程后觉得好，就会推荐给身边的朋友，于是报名的学员络绎不绝，期期爆满。

不管做什么课程，必须明白一点：信息时代，客户面临的选择很多，如果不能体现出课程的特色和优势，则很难获得客户的青睐。要么你的服务比较周到、要么你的课程内容比较新颖、要么你的教学方式遥遥领先，总之一定要具备其他课程没有的鲜明特点，做到人无我有，人有我优，保持所在专业的领先地位。

2. 梳理课程思路

很多朋友拥有丰富的专业知识，也希望将这些知识汇总打造出一门课程分享给更多有需要的人，但是却完全不知道从何下手。这是因为他们的知识没有形成体系化，加之缺乏课程打造经验而施展不开。怎么解决这个问题呢？

一方面，可以通过学习逐渐填充自己的知识框架，在哪方面感觉理解不透彻就去做针对性的学习。另一方面，必须掌握正确的方法梳理自己的课程逻辑，先把大框架写出来，再逐渐细分到小目标。最好先去认真打磨一节课，从实践中了解打造课程的具体步骤，这样可以考虑得更加周全。

以写作课为例，笔者会先写出课程的框架(见图6-6)，内容涵盖选题、标题、素材、故事、金句、结构、变现和个人品牌等构成元素，然后在每个章节下面拓展更多的方法论和案例。由上而下的分解方法，可以更好地梳理课程思路，方便学员理解这门课程的设计路径，帮助学员从零到一建立起对写作的认知，让整个课程变得和谐统一，体现出系统化和整体化的特点。

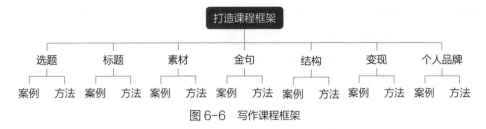

图 6-6　写作课程框架

3. 定期对课程进行迭代升级

好的课程一定是与时俱进的，以笔者的一对一写作课为例，课程内容前后迭代了3次，通过不断地充实知识，做到更加专业和全面。此外，对课程进行优化，可以检验自己在行业中的地位，是否落后于同行，是否在持续精进，以及知识系统是不是越来越完善。

6.7.2 课程运营方法

1. 做好宣传推广

一门课程能不能成为爆款，内容因素占40%，而推广因素占60%，课程内容设计得再好，没有大力宣传和推广，也很难把销量提上去。课程宣传推广的方法（见图6-7）包含以下几种。

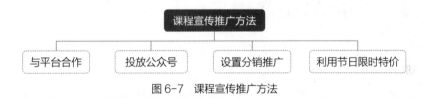

图 6-7　课程宣传推广方法

(1) 与平台合作，比如喜马拉雅、荔枝微课等都有相应的广告位帮助课程进行曝光。

(2) 选择与课程相契合的公众号进行投放，这种方式需要支付宣传费用。

(3) 设置分销模式，刺激更多用户帮忙推广。比如笔者的头条运营变现课就设置了30%的分成比例，一定程度上提升了课程销量。

(4) 利用节日的噱头进行限时优惠促销。

2. 做好售后服务

从产品形态的角度上看，知识类产品比有形产品更难保障质量，因为每个老师的知识素养和教学水平不尽相同，课程的质量自然也就良莠不齐。正因如此，课程设计人员更应该做好知识服务，给用户更好的体验，服务好每一位客户，才能保证课程得以长久地延续下去。

美国著名的汽车销售大王乔·吉拉德根据自己的销售生涯总结出著名的"250定律"，

指的是每个顾客背后都有250个亲朋好友，如果你失去了一位客户的认可，就意味着失去了他背后的250个潜在客户；反之，服务好一位客户，就意味着赢得了他们背后250位亲朋好友的信任。

人们总是倾向于熟人介绍的产品，做好售后服务是塑造课程口碑的不二法门。你的真诚付出，耐心负责，客户是能够体会到的。

3. 及时收集客户好评进行分享

想要做好课程，必须重视客户的评价，能够获得好评自然再好不过，偶尔获得差评也是情理之中。

对于客户的好评，除了感谢之外可以在朋友圈高调展示，让更多人了解你的课程，这也是招生的重要方法，毕竟人对于不了解的事物总是抱着观望态度，如果有人体验了，感觉不错，就能够刺激其他客户果断购买。

对于客户给出的负面反馈，要做的是有则改之无则加勉，中肯的评价是提升课程质量的重要依据，应该对客户进行感谢。

6.8 电商带货变现

自媒体领域的电商带货指的是以互联网平台为基础达成交易的销售模式。电商带货的模式有两种：第一种是直播带货，第二种是文案带货。其中，直播带货的门槛比较高，需要带货人员有较好的口才和控场能力，还需要有比较高的知名度以招揽客户；而文案带货则更适合普通的自媒体运营人员。本节将重点讲解怎么用文案进行电商带货。

自媒体运营人员想利用电商带货实现收益，选择优质的商品和撰写出有带货能力的文案是非常重要的两个因素。一篇好的文案必须能够吸引用户，阐明产品的作用和质量。在文字通顺的基础上，有故事的推进，又符合逻辑。

6.8.1 电商带货的选品

自媒体运营人员必须认真筛选商品，好的选品可以大幅度提升成交率，而不适合的选品不仅会拉低成交率，甚至影响到带货人的口碑。

那么，选择什么样的产品更合适呢？我们需要注意以下3点。

1. 受众多

尽量选择大众产品，这样用户下单的概率才会比较高；应尽量避免选择一些单价高，使用率低的产品。比如，水杯肯定会比名牌包的受众更多。

2. 与账号定位相近

在带货的过程中，需要从账号的定位出发，如平时分享摄影知识的账号，推广一本摄影类书籍是比较合适的，但如果该账号突然推荐农家特产，就会给人一种强烈的违和感，容易引起粉丝的反感和抵触，甚至认为创作者为了赚钱什么东西都卖，反而会影响账号的声誉。

3. 贴近粉丝需求

粉丝是创作者的衣食父母，任何时候都要把粉丝的需求放在第一位，推荐的产品最好是粉丝想要的。这样更容易获得粉丝的认可，也有利于提升转化率。

想要把握粉丝的需求，必须多观察粉丝群体画像(见图6-8)，粉丝大部分是什么年纪？从事什么职业？主要分布在一二线城市还是三四线城市？我们要像了解朋友一样去了解粉丝，才能抓住粉丝们的心。

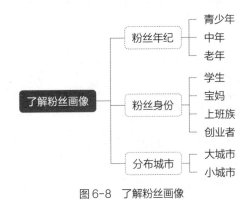

图6-8 了解粉丝画像

6.8.2 写好带货文案

产品选好了，接下来就要准备写文案了。那么带货的文案怎么写才比较吸引人呢？怎么触动读者的痛点？怎么引导读者下单？怎么让读者相信这个产品实打实地好用？我们可以从以下5个方面入手。

1. 从客户的痛点提炼卖点

我们在推荐商品时，应该转换角度，从客户的痛点切入，找到产品的差异化特点。比如现在要推荐一款可烧水的保温杯，很多人会从保温效果入手，但是保温杯那么多，为什么一定要买这款呢？答案显而易见，就是烧水功能。外出旅行时，不能随时喝到开水，担心酒店的水壶不干净，但又不能把家里的水壶带着，这才是客户还没被满足的痛点。因此，就可以提炼出产品的卖点，"卫生易携带，一杯两用，能保温能烧水"，这是普通保温杯不具备的优势，也是吸引客户下单的重要理由。

2. 利用社会认同增加背书

一个人说这个产品好，我们未必会信，要是人人都说好，我们就很容易被说服，认为这个产品应该不错，所以他人的评价很容易影响顾客的购买决策。因此，只要我们在文案中多展示这款产品正面的社会评价，出于感性驱使，顾客看完就会产生下单的强烈愿望。

举个例子，现在要给读者推荐一本图书，仅仅说这本书多好多好是没有说服力的，这个时候可以找一些数据来背书，如这本书上市一年就加印了20次，目前销售量破千万，这些数据能够体现这本书的热销程度，读者看到这么多人认可，出于从众心理也会想购买。

3. 权威背书

名人具有权威性和公信力，因此他们推荐或使用的商品，会有很多消费者跟随购买。

笔者的一位学员专门撰写带货文案，他的方法就是找权威背书，具体怎么做呢？比如推销一本图书，他会直接介绍有多少名人推荐了这本书，读者看到名人都在看这本书，自然就会受到鼓动，也想买一本一探究竟。

4. 利用五感来增强细节

在描述一款产品时，我们可以套用五感原则(见图6-9)。

图6-9 五感原则

通过视觉、听觉、嗅觉、触觉和味觉，可以给客户塑造一个更鲜明的产品形象，让人怦然心动，继而产生下单的冲动。比如，介绍一款零食，就可以用视觉、嗅觉和味觉来描写；介绍一款口红，可以用到视觉、嗅觉、触觉和味觉来描写。这样可以让客户更加强烈地感受到产品的特点和风格。

在明确了怎样写好一篇带货文案后，还要知道如何发布这些内容。许多自媒体平台与淘宝、京东等平台进行了合作，只要在文案中植入商品链接即可下单，这样就能通过带货获得一定的佣金收入，订单数越多，收入就越高。此外，今日头条、知乎和小红书等平台都可以进行文案带货，但这些平台需要通过发布内容来获得账号升级，从而解锁电商带货权限。

6.9 出书版权收入

出版一本自己的图书是从事文字写作的朋友梦寐以求的事情。出书除了可以满足我们的写作梦，还可能带来经济价值。

图书出版指的是创作者将写好的书稿交与出版社，经审批通过后对书稿进行编辑和加工，并印刷发行向社会出售的过程。对于创作作者来说，图书出版后，能获得一笔出版收益。本节我们就来了解一下图书出版的条件和方法。

6.9.1 图书出版的必备条件

一些在自媒体行业发展得不错的创作者，会希望将自己编写的内容及行业经验汇聚成实体书籍，以帮助更多有需要的人。此外，如果创作者在某领域已有不错的成绩或有一定的知名度，也会收到出版社的出书邀请。下面就一起来了解一下，出版图书需要具备什么条件。

1. 内容必须是原创的

出版作品是一件非常严谨的事情，因此书稿中的内容一定要保证是原创的、是作者自己创作的。这样不仅可以使图书中的内容新颖以吸引读者，还能避免引起版权纠纷。因此，想要出书的朋友，一定要保证内容的原创度。

如果书中引用了部分其他人的作品，要注明来源，以免引起误会和纠纷。

2. 内容必须有足够的垂直度

不同出版社的图书风格有所差异，有些专注文学作品，有些专注互联网读物，有些专注小说或者漫画。因此，创作者创作的书稿内容应该与出版社的图书风格相符，方便编辑判断作品优劣，提出合理的修改意见，也方便他们了解创作者擅长的领域，与创作者共同策划一部专业的作品。

想要出书的朋友，平时在写作时一定要有自己专注的方向，要足够聚焦才能写出成体系的内容，才有机会出版属于自己的图书。

3. 有充足的作品

出版一本书需要专业系统的内容，因此创作者应具备一定数量的作品：一来，可以证明这个作者有足够的写作能力；二来，能体现作者是真心热爱文字的，且愿意在写作这件事上面深耕；三来，有足够多代表作品的作者，往往也吸引了一批精准的粉丝，更容易积累到不错的人脉或渠道资源，这些在图书出版后也能派上用场，为图书的推广创造更好的条件。

6.9.2 出书前的准备工作

笔者认识一些出版图书的朋友，虽然书籍的内容质量不错，但销量却一直平平。根据笔者的观察与分析，发现这和创作者自身的积累与准备程度有很大关系。有些人是因为宣传工作做得不到位；有些人没有主动展示自身的才华；还有一些人准备工作做得不够充分。一位畅销书作家说过，在他的作品出版之前，他会打通四面八方的关系，联系各路人马推荐他的图书。因此，与其被动地等待读者发现，不如主动出击，为图书的出版提前做好积累和准备。

1. 积累粉丝和人脉

有些图书刚上市就一抢而空，而有些图书却无人问津。差别如此之大的原因在于，作者本人是否具备足够的粉丝资源，当创作者没有足够的人气时，即便出版了图书，也很容易出现推广和售卖乏力的局面。

可见图书的推广和宣传工作是多么重要，所以创作者在做好内容的同时，还要注重打造自己的影响力，多积累粉丝，影响力的高低决定了图书的畅销程度。

2. 多平台曝光

很多创作者很有才华，但在宣传方面却少了些功夫，出版图书后不做推广、不做过多展示。可是在如今这个图书市场竞争激烈的情况下，如果你没有在多平台曝光，则很难引起读者的关注。现在早已过了"酒香不怕巷子深"的时代了，才华就应该利用平台充分展示，才能吸引更多粉丝和读者。

如果你已经发表了很多作品，内容得到了许多读者的青睐，但却迟迟没有出版社找你合作，就要思考自己的曝光度是否足够，多去今日头条和知乎这些开放式平台发表内容、展现自己独到的见解，也许很快就能吸引出版社的注意。

3. 选择可靠的出版社

出书是一件非常烦琐和复杂的事情，一家好的出版社能够提供推广资源和专业的出版建议，并按时支付稿酬。因此，寻找出版社时要先仔细调查，了解出版社的口碑，再慎重决定。

这需要作者用心去判断和筛选。

4. 精心策划选题

出版社邀请作者出书后，需要作者提交选题资料，之后会通过选题会对选题进行论证，因此作者一定要好好准备。一份完整的选题资料包括图书名字、选题大纲、作者简介、书本样章。其中，最重要的是选题大纲和书本样章(见图6-10)。

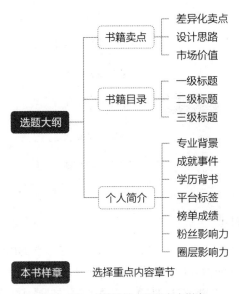

图6-10 书籍选题大纲和书本样章

选题大纲也就是这本书的框架，每个章节讲解什么内容都要一一写清楚，方便编辑了解书稿整体的写作思路和具体内容，也方便编辑评估这本书的市场价值。

书本样章也非常重要，要通过样章体现出整本书的内容特色。

文案教学——选题策划案写作技巧

一份图书选题的策划方案可以从以下几个方向入手，在写作的时候要做到有理有据。

第1点，本书的选题思路。

第2点，本书的卖点优势。

第3点，本书的目标人群。

第4点，本书的市场调研。

第5点，本书的作者简介。

6.9.3 书籍写作技巧

要完成一本书籍可不是一件容易的事，没有几个月的功夫是做不到的，很多人在写作的过程中就想放弃了，甚至将出书计划搁置。

本节介绍一些编写书稿时的小技巧，帮助创作者突破瓶颈、快速完成编写任务（见图6-11）。

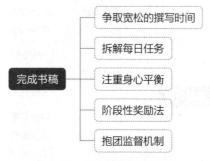

图6-11　快速完成书稿的方法

1. 争取宽松的撰写时间

当作者写完选题大纲时，应该评估这本书还需要写多少新的内容，需要多少个月才能完成，如果出版社给的时间比较紧迫，可以和编辑商量，适当延长时间。写书的压力会比较大，要给自己多预留一些时间做充分的准备，以免急急忙忙地赶稿，写出来的内容质量没有保障。

2. 拆解每日任务

可以将每天的编写任务拆分开。比如，一本书需要写15万字，只有4个月的写作时间，那么平均每天就要完成1250个字，这样就有了明确的每日任务。如果某天创作者没有如期完成任务，第二天就要及时补上，千万不要一直堆积，到了最后期限工作量太大，也会造成延期。

3. 注重身心平衡

写书的过程中，要注意身心平衡。调查研究显示，人在放松的时候更容易获得好的灵感。例如，在编写本书的过程中，笔者每个月安排了25天写书，5天休息，这些休息时间，笔者报名学习了书法、花艺和金融课，这些活动给了笔者调节身心的机会，新认识的朋友也给笔者带来了不错的建议和启发。与此同时，笔者养成了定时跑步的习惯，通过运动释放工作压力，达到身心平衡的效果。

4. 阶段性奖励法

写书是一件漫长的事情，如果不能获得及时的反馈，可能慢慢就失去了动力，甚至出现懈怠、厌倦的负面情绪。因此，一定要学会奖励自己，给自己正面的反馈。

分享一个奖励自己的方法，每完成3万字，就奖励自己一件礼物。如果一本书的内容是15万字，那么就可以获得5件礼物。这些礼物按照从小到大，从低价到高价的模式来提升行动的快感，如第一次完成3万字时，可以奖励自己一套职业装，第二次完成3万字时，可以奖励自己一块手表，第三次完成3万字时，可以奖励自己一个美容仪，第四次完成3万字时，可以奖励自己一台笔记本电脑，第五次完成3万字时，可以奖励自己一部相机。

设置奖品的时候，只需按照收入情况量力而为，把你平时很想买的礼物统统写下来，然后通过礼物周期法的方式设置阶段性反馈，积累里程碑成绩，在期待感中完成图书的编写。

5. 抱团监督机制

建议自律性不强的作者可以加入一个写书的圈子，比如名家们的写书课，也可以和身边正在写书的朋友一起组成打卡圈，每天把写完的字数截图到群里，如果没有完成任务，就要在群中发50元红包以示自罚。相信有这样的监督机制，可以督促创作者更好地完成任务。

写书是一件又累又快乐的事情，也是一件了不起的事情。待图书出版那天，创作者会感觉如释重负，内心会充满成就感。

第 7 章

全职自媒体
自由职业的精进术

很多人对全职自媒体感到好奇，并希望成为一名全职自媒体人。

本章将介绍全职自媒体人的相关工作，以及自由职业会遇到什么挑战、需要构建哪些人脉体系、如何做好自我管理等。

7.1 自由职业会遇到的挑战

笔者从事自由职业两年多,听到不少朋友说很羡慕自由职业者可以每天睡觉睡到自然醒,收入也比一般上班族更多。这样的生活听起来确实让人向往,但凡事都两面性,自由职业虽然有它的美好之处,但也有不少挑战,只有克服困难、越过藩篱的人,才能真正享受到自由的果实。

本节主要讲解自由职业者必然会遇到的挑战,自媒体运营人员只有克服这些困难,创作出更有意义、有价值的内容,并且持续输出原创内容,才能保证在这个行业中做下去。

7.1.1 收入不稳定

自由职业者的收入就像坐过山车,有可能一天就赚到了上万元的收入,也有可能很长一段时间会一无所获。因此,自由职业非常考验个人的心理素质,对于向往稳定生活的人,这份工作可能会令其崩溃。

但也有人天生喜欢冒险、热爱挑战,这类人更经得起收入不稳定带来的挑战,也更容易活出自己满意的状态。很多自由职业者主张用一个月的时间赚够一年的开销,剩下的11个月则用来探索新鲜、有趣的生活。这种生活方式在未来可能会引领潮流,而自由职业是实现这种生活方式的最佳选择。

7.1.2 综合能力的挑战

在公司上班,很多工作都分工明确,员工各司其职,如需要图片找设计师,推广由营销部门负责,公司的发展前景由领导操心。

当成为自由职业者后,任何事情则都由自己全权负责。就拿全职写作这件事来说,不仅要会写文案,还要会运营、对接商务、宣传推广、拍视频、剪辑视频等,必须身兼数职。

多元化的职业角色,要求自媒体人有更强的综合能力,能够随时切换不同的角色,处理不同的工作业务(见图7-1)。

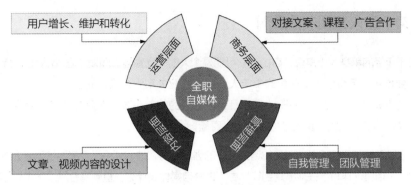

图 7-1　全职自媒体人的综合能力

7.1.3　行业更迭的危机

每个行业都有一定的生命周期,都会经历萌芽期、发展期、高峰期和衰退期(见图7-2),自媒体人不可能靠某个技能或者某些红利吃一辈子,随着行业的不断更迭,自媒体人所拥有的行业优势也会消失。因此,自媒体人必须有居安思危的意识,树立终身学习的观念,才能在行业的洗牌中立于不败之地。例如,自媒体人早期可以靠写文案赚到不少钱,但随着直播、视频等自媒体形式的兴起,图文红利逐渐退去,写作者也必须跟上新趋势。

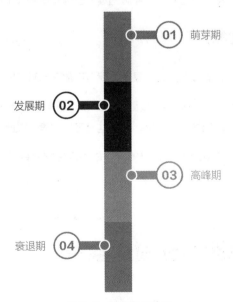

图 7-2　行业发展阶段

7.1.4 家人和朋友的反对

对于年轻的单身人士来说，自由职业可能是个人的一场冒险。而对于已婚人士，特别是上有老人要赡养，下有孩子要养育的中年人，自由职业关系到全家人的生活，首先提出反对意见的可能就是家人。因为自由职业意味着失去稳定的收入来源，而且有时候还要投入大量资金，与稳定的工作相比，家人当然不希望你冒险。

笔者刚开始从事自由职业时，也遭到父母的强烈反对，他们几乎天天都要求笔者去找一份工作，他们不相信这样写下去能够赚到钱，更不理解自媒体是什么。直到笔者熬过了积累期，出现爆发式的发展，月薪相当于上班时的年薪时，他们才逐渐转变了观念。

要从事自由职业，遭遇身边人的反对是很正常的。但如果我们已经确定了这个方向，就要坚持到底、做出成绩，向家人证明自己。

7.1.5 工作量剧增

自由职业并不轻松，由于自由职业者除了专业工作之外，还要对接商务、处理各种客户信息、推广曝光品牌、设计图片和文案。这些工作虽然零碎，但也要占用不少精力和时间，因此工作量是相当大的，需要自由职业者克服困难，合理安排各项工作。

7.1.6 考验自律能力

没有制度的约束，没有老板的监督，是不是就可以放飞自我了？

不，真实的自由职业比想象得更加残酷。你必须克服电视和手机的诱惑，学会合理规划每天的工作，知道在什么时间做什么事情，及时推进工作进度，以此来保障每天的工作量。

一般来说，上班时间都无法约束自己的人，成为自由职业者后，大部分会因为无法严格要求自己而以失败告终。

7.2 自由职业的重要准备

知道自由职业会遇到的挑战后，如果你依然希望成为自由职业者，为自己的梦想打工，那么就要为做好这个职业进行充分准备。本节就分享一些比较有参考价值的建议，希望能够帮你实现梦想。

7.2.1 副业试错

正如前面所讲,自由职业并非想象得那么轻松,它的难度不亚于开公司。因此,不要贸然辞职,在毫无准备的情况下进入自由职业。

比较保险的做法,是先从"斜杠青年"做起。比如,你想在下半年成为一个自由写作者,则可以在此之前兼职在网上投稿、写文案,当兼职工作的收入比较稳定后,再辞职做全职自媒体写作者。这样先给自己一段时间适应,为后续的自由职业积累经验,做足准备。

注意,只有当兼职收入超过工作收入时,才是考虑辞职的时候,届时成为自由职业者才比较有保障。

7.2.2 补齐能力短板

成为自由职业者意味着很多事情需要自己独自处理和决策,千万不要看到别人创业成功,就以为自己能够胜任这份工作。那些转型成功的人,在成为自由职业者之前就做好了全面的布局,而不是靠一时冲动的决定。

在第一章的内容中,已经讲过全职写作需要具备的能力,我们可以对照一下,找到自己目前所欠缺的能力短板,然后针对性地进行学习和实践,以便更好地适应自由职业。

7.2.3 筹备生活资金

万事开头难,尤其是自由职业,必须经历很长一段时间才能有稳定的收入。如果没有做好资金储备就贸然辞职,你可能会因每天担心经济问题而变得浮躁、焦虑,如此一来,就无法静下心来创作优质作品。也可能在爆发期尚未来到之时,你的腰包就开始透支,如果这时你没有看到乐观的物质回报,就有可能半途而废,那么这段尝试对你来说便是巨大的沉没成本。

你希望出现这种情况吗?如果不想,就不要在毫无资金保障的情况下盲目辞职,最好事先准备一笔资金,至少可以支撑半年的生活开销。这样你至少可以有半年的试错期,可以安安稳稳地做你想做的事情,毫无后顾之忧地投入其中,增加战胜困难和挑战的信心。

筹备生活资金的方式,如图7-3所示。

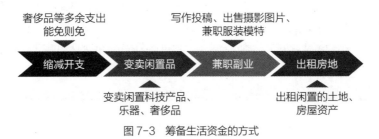

图7-3 筹备生活资金的方式

(1) 缩减开支。除了必备的生活用品以外,其他的奢侈品和大件物品的购买能免则免。

(2) 变卖家里的闲置用品。可以通过闲鱼等二手平台出售闲置物品,获得一定的收入。

(3) 通过一些临时的副业工作增加收入。通过投稿、出售图片给图库、当服装模特等工作,快速积累更多资金。

(4) 出租房地产获得稳定的经济收入。此选择的前提是你有闲置的房产或土地。

7.2.4 做好行业调研

在进入一个行业之前,必须对这个行业进行详细的了解,如果草率进入一个陌生的行业,可能会像一只无头苍蝇四处乱撞,最终以失败收场。因此,做好行业调研非常有必要,具体做法如图7-4所示。

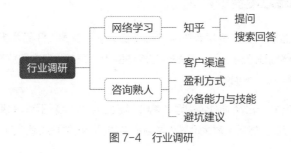

图 7-4 行业调研

首先,可以通过网络收集信息,如在知乎等问答平台提出问题后,邀请专业人士回答或者搜索相关的回答。

其次,可以通过咨询熟人进行了解,如客户怎么找,盈利模式有哪些,必备的能力与技能是什么,以及有什么需要注意的问题。

7.3 全职自媒体的高效工作法

笔者的一位朋友辞职回家备考公务员,结果一周后,她打电话求助,说自己书还没看几页,作息全都乱了。她忍不住刷手机、追剧,每天熬夜到两三点,但第二天又起不来,再这样下去,恐怕考试就砸了。她问笔者:"你是怎么安排时间的?在家工作和学习,如何才能保持高效呢?"

> 这种案例其实并不少见，很多人以为从事自由职业之后就能得到自由，其实真正的考验才刚刚开始。在家工作时，你是否也遇到过这些情况，明明想要工作，却总忍不住玩手机；好不容易进入工作状态，又被各种信息打断，总之，就是无法做到自律。

在家工作会面临很多诱惑，人的注意力常常被分散，本节将介绍几个方法，以期帮你塑造专注力，使工作变得高效。

7.3.1 保持桌面干净整洁

想必你也经历过这样的事情，忽然想找某份文件，结果在一堆乱七八糟的资料中找了半天都没找到，平白无故地浪费了许多时间。如果每天都要浪费半个小时在找东西上面，一年下来要浪费一万多分钟，这听起来是不是不可思议？是的，那些不起眼的细节，往往就是盗走时间的小偷！

如何才能保持办公桌的干净呢？整理者协会发言人伊博森建议进行"彻底的整理"（见图7-5）。

图 7-5　桌面整理 4 步骤

伊博森指出，应先试试所有的笔，然后扔掉无法使用的笔；寻找重复的物品，将多余的物品捐赠给慈善机构，并记下过度购买及需要购买的物品，确保一切井井有条；购买粉碎机，以便随时随地粉碎不需要的物品，并且始终在桌边放置回收盒。

7.3.2 按重要程度列出任务清单

可以按照工作的重要程度列出任务清单，再开展工作（见图7-6），这样会节省很多时间。坚持3~4个星期后，你将会养成为每一天、每一个项目列清单的习惯，工作效率也会得到大幅提高。

那些高效、自律的人，没有一个是不做工作日程表的。工作日程表不仅要做，还要按照重要程度将它们分出优先级别，率先完成最重要的事情，这样才能高效工作。

给大家推荐两款记录工作任务的手机App：锤子便签和讯飞语记。

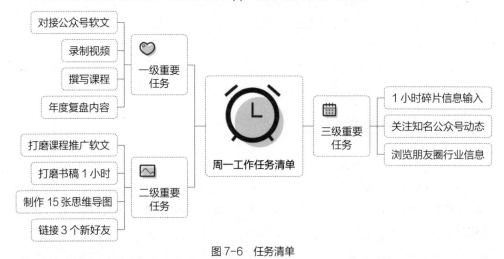

图7-6　任务清单

7.3.3　保持和上班时间一样的作息

在家办公该如何安排工作时间呢？建议大家还是按照上班时间开启工作，这样可以养成规律的作息，也有利于提高效率(见图7-7)。

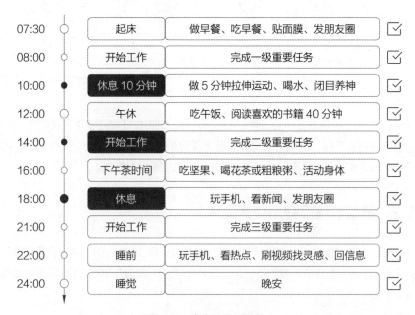

图7-7　自由职业日程表

早上8点到12点办公,中午休息一两个小时,下午2点到5点为办公时间。时间分配做好了,工作就能有条不紊地进行。明确什么时间节点该工作,什么时间节点该休息,做到张弛有度、心底有数,才能管理好时间。

7.3.4 找到工作的仪式感

一位心理学家说,正常的身心都需要仪式感,因为它会暗示你必须认真对待这件事。

找到工作仪式感的人,做事会更加积极,会用享受的心态去面对枯燥的工作。

比如,在开启工作之前,可以先冲一杯热腾腾的花茶,闻一闻杯中散发的芬芳,这样整个人会更有精神。还可以给自己换一身好看的衣服,暗示自己好好工作才不算辜负了今天的盛装以待。当你学会给平淡的生活制造不一样的美好时刻时,工作也会变成一件快乐的事情。

没错,正是这些微小的仪式感,给我们带来了大大的幸福,激发我们用一种积极向上的精神状态去对待工作,从而唤醒内在动力。

7.3.5 打造办公区域

很多人在家办公时喜欢穿着睡衣、抱着电脑待在床上。这样做的结果是工作不到5分钟就困了,然后直接往后一倒,盖上被子便再也爬不起来。

哈佛大学睡眠医学系提出,不要在你睡觉的地方工作。

当你坐在床上时,软绵绵的枕头、舒服的床、温暖的被子会给大脑一种暗示:该睡觉了。然后你的大脑就会开启惰性模式。此外,这样做还会让你的生活和工作缺少边界感,会在睡觉时联想起工作,影响睡眠质量。

最好的办法是在家里打造一个办公区域,这样有利于减少其他事物的干扰。笔者就在房间开辟出一小块地方当办公区,这个办公区里摆放着一张铺着灰色格子桌布的办公桌,一把轻便但舒服的折叠椅,办公桌上摆着很多和工作相关的东西,如护眼台灯、笔记本电脑、各种书籍、工作计时表、工作日程表、笔记本和钢笔。这些东西会给大脑一种暗示:现在是工作时间,不要做其他无关的事情。

7.4 自媒体需要搭建的人脉网

一个人想要变得很厉害,你认为需要什么条件?也许大多数人会说努力。不可否认,努力非常重要,但它不是最重要的,最重要的是有没有一个高质量的关系网。

自媒体这个圈子中的人不一定是你现实中的朋友，但一定是能帮你解决问题的"智囊团"。一个人身边若有这样的智慧圈子，则任何时候都会有人帮你出谋划策，给你提供有效的思维策略，助你快速成长。

7.4.1 名人

结交名人能够帮助我们提升知名度，这是任何人都懂得的道理，但很少有人有胆量去尝试做深度沟通，因为在资源和社会地位不匹配的情况下，贸然结交名人的话大部分情况会吃"闭门羹"。

一个人的可交换价值越大，社交半径就越大。熟人社交，为彼此提供的是情感价值，不需要讲究利益交换。但基于陌生人的网络社交，尤其是对方的资源、能力远远高于你的情况下，在社交之前，一定要思考自己能为对方提供什么价值。你可以用自己的专业技能帮名人解决某个难题，继而争取交往的机会，也可以主动购买他们的作品或者加入社群，从而获得交往机会。

7.4.2 超级情报员

超级情报员的特点是掌握很多有效信息，这类信息对于提升自我来说有着不可忽视的作用。身边有几个对行业信息了如指掌的朋友，好处是非常明显的。收到这样的信息后，你往往能够比同行更早做准备，抢先一步行动，得到不可比拟的先发优势。

一个圈子乃至一个行业，人与人的较量不仅仅是拼努力和专业，还在拼信息差。信息网络越发达的人，赚取收益的机会越多，也越容易享受到行业红利。

7.4.3 拥有人脉的人

拥有人脉的人不一定有很大的影响力，但是你只要找到这种人，他就有办法打通各种关系帮你解决问题，有可能是帮你推荐精准客户，也有可能是帮你介绍想要认识的人。总而言之，拥有人脉的人一定拥有一个非常厉害的社交网络。

拥有人脉的人通常是很多圈子的交叉人物，他可能是某个活动圈子的负责人，也可能是某个兴趣圈子的积极分子，还可能是一个身兼数职的"斜杠青年"。总之，他们常常活跃在不同的行业和圈子当中，读书会负责人、企业高管和线下培训师大多具备成为超级人脉者的潜质。

7.4.4 行业专家

越是优秀的公司，越需要每个行业的顶尖人才，如字节跳动、华为和联想这类公司，它们既需要懂财务的人、懂法律的人，也需要文案高手、销售牛人，还需要懂得产品思维的人。

你可能会说，我不开公司，不需要这些人。这其实就是打工者思维，因为笔者以前在公司上班的时候，也没有发现自己需要认识不同行业的人。然而，做了自媒体之后，笔者发现签合同需要懂法律的人；如果未来要做实体模式，则需要懂财务的人；如果要做一场大规模的课程，则需要找到推广高手；如果要运营社群，则需要一个社群管理员。

也就是说，当你切换为老板思维之后，你会发现，每个人都需要认识不同行业的专家，因为当你遇到超过专业范围的问题时，找到专家帮你解决问题才是最高效的成事方法。

而且，个体的发展越快，越会遇到超出认知范围的事情，越需要认识不同行业的专家。否则遇到不懂的问题，除了着急，你可能想不到任何办法；就算你愿意花钱，都不知道谁懂这方面的知识，更不知道去哪找，最后会错失很多机会。

该如何认识行业专家呢？最实用的方法就是让自己也变成专家。当笔者只有2000个粉丝的时候，不知道可以找谁帮忙看合同。但是当笔者有了20万粉丝之后，发现了一件很有趣的现象：电脑出问题了，在朋友圈发个信息求助，会有读者帮忙出各种主意，几分钟就把问题解决了；需要签合同了，可以联系读法律的朋友帮笔者把关；需要学理财，笔者的学员有很多金融专业人士，对这方面的业务非常熟悉；需要购买保险，朋友圈也有保险行业的高管可以咨询。

要想和这些专家建立关系，最可行的方法就是你也成为某个领域的专家，这样彼此之间才能互相欣赏，互相帮助，进行跨界学习和交流。

7.4.5 付费客户

每个人都有自己的重要客户，只要在这部分客户身上倾注真心，花时间去维护，这些少数人就能带来大部分的收入。客户大致可以分为三类：只愿意了解产品不愿意购买的，只愿意支付一点费用的，以及特别舍得花钱的。

付费意识越强的客户，越可能是重要客户，因此应该在他们身上多花时间。对他们的服务越到位，他们就越愿意付费，于是便会产生一种价值循环。

为了保持长期合作关系，最好能够和重要的付费客户成为朋友，这样他们才不会因为别人的产品价格更低，就去别处消费。此外，他们还可能会把他的朋友介绍给你，为你带来更多的收益。

7.4.6 明星学员

这类人可能一开始显得很普通，但如果你发现他们的悟性不错，行动力强，有上进心，就要倾尽所能帮他们成长。一旦他们学有所成，不仅可以证明你的能力，还可以将他们变成你的优质案例，甚至是得力助手。

很多人在社交中只知道结交比自己优秀的人，却忘了去帮助那些潜力股。笔者曾经有一位学员，一开始表现平平，他跟笔者学习了一段时间后，在头条和知乎的成长非常快，很快取得了丰厚的写作收入。这时他又给笔者介绍了其他朋友，形成了口碑传播，而且在笔者需要帮忙的时候，他也会尽力帮忙，这就是一种互相帮助的关系。

如果你发现一个人的资质不错，又愿意学习，那不妨去帮他成长，你能够帮助多少人，就能获得多大的成就。

7.4.7 合作伙伴

合作伙伴可以是你的助理、你的摄影师，也可以是你的投资伙伴等，维护好这类人脉，不仅能让彼此的工作配合得更默契，还能优化工作效率。如何才能处理好合作伙伴之间的关系，并保持同进退的长期合作呢？最重要的一点就是合作。

在商业的世界中，你必须要作为一个团队的一员，必须要和其他人合作，而且必须要清楚地了解自己未来需要什么，有非常清楚的愿景。同时，你如果和其他人建立伙伴关系，也需要去坚持愿景，让它变成现实，所以你需要与自己有同样目标和愿景的人。换言之，你需要确立自己的目标，并以此作为出发点，去寻找和你有相同目标的同路人。

唯有彼此的愿景一致，目标相同，这场合作才会变得更加圆满。

对于社交，每个人都有不同的理解，但在笔者看来，社交的目的就是帮助自己获得成长。当我们遇到值得交往的对象时，要懂得付出，要学会维护一段长期关系，这样才能在需要帮助时，得到更多人的支持。

7.5 全职自媒体如何突破瓶颈

在职场中工作的朋友，想必多少都遇到过职业瓶颈。那么自由职业有没有瓶颈呢？当然是有的，而且要面对的挑战会比上班族多得多。

这时候，如果没有好的心态，必然会出现失衡的心理。其实，瓶颈期不可怕，可怕的是不知道会出现什么瓶颈。如果一切都在预料之中，再大的困难也就不那么可怕了。

接下来，笔者将介绍全职自媒体工作可能遇到的瓶颈，以及如何走出困局。

7.5.1 全职自媒体必然遇到的瓶颈

所谓瓶颈期，就是眼前出现了新的问题，但你又不知道该如何解决，这种感觉就像一拳打在棉花上那般无力。以下三个瓶颈，是全职自媒体人都会遇到的情况。

1. 职业发展瓶颈

这世上没有一份工作不辛苦，也没有一个职业没有瓶颈期。全职自媒体人虽然表面看起来非常风光，在上班族工作时，他们可以带着相机走在诗和远方的路上，一路繁花相随，不用上班打卡，不用看老板的脸色，不用领着死工资干着忙不完的工作。但实际上，全职自媒体人背后的压力和风险只有他们自己最清楚。

刚起步时他们会感觉自己的进步非常快，然而积淀到了一个阶段，进步就会越来越慢，很难获得较大的突破。这就是职业出现了瓶颈期，触到了天花板，这种感觉就像被生活掐住了脖子一样难受。

2. 内容输出瓶颈

在新手阶段，很多自媒体人的收入都来源于文案创作，这就要求自媒体人必须持续、稳定地做好内容输出。但写了一段时间之后，你会发现自己肚子里的"墨水"用完了，大脑一片空白，完全想不到任何灵感，这时你会非常心急，开始怀疑自己是不是江郎才尽了，是不是根本就不适合这一行，于是你开始陷入沮丧和气馁的情绪。对于全职写作者来说，维持长期的输出是基本功，但这并不是一件容易和轻松的事情，如果没有注重输入，没有及时记录灵感，没有成熟的技巧和深厚的积累，要想保持长久的创作无疑是痴人说梦。

3. 行业发展瓶颈

是不是在一个行业做得越久，收入就越高？这是很多人的误读，而这种误读往往会让人盲目乐观，缺少必要的危机感，从而导致收入越来越差，等到觉醒时已经来不及了。

通常，进入一个新行业，刚开始时收入会稳步增长，但到了一定阶段，收入就会出现下降的趋势，或者很难再继续上升了。这是因为创业收入是一个波动值，它不仅仅取决于你的努力，更取决于竞争对手的多少，行业市场的变动等。当行业人数越来越多时，行业收入就会回归平均值。

如果没有认识到这一点，则很容易陷入低质量奋斗的死胡同，最终导致越努力，收入越低。随着行业红利的消失，你的收入可能会锐减。

7.5.2 如何走出瓶颈期

自由职业者出现瓶颈期，是不是意味着自己不行了，或者需要重回职场了？其实，不一定。

自由职业者出现瓶颈期时，首先应该积极寻找解决方法，面对不同的问题找出不同的解决策略。一旦走出这些困局，你就会变得更加强大和无坚不摧，一次次地突破自身的局限，发展的天花板也会越来越高。因此，瓶颈期的出现并非坏事，只要妥善应对，一样可以把危机化为转机。

1. 如何告别行业瓶颈

(1) 警惕能力陷阱，不断突破舒适区。人的学习区域分为三种：舒适区、学习区和恐惧区（见图7-8）。

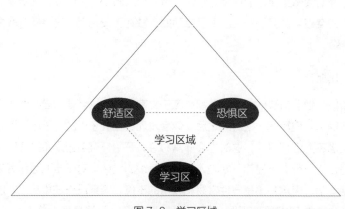

图7-8　学习区域

大部分自媒体人是某方面的专家，一开始可以靠"一招鲜，吃遍天"，但长期待在舒适区，你的优势反而容易成为限制自身发展的"陷阱"。我们越擅长一件事，就会越喜欢去做这件事，长此以往，便很容易让你忽视其他能力的发展，一旦这项技能被市场淘汰，你的职业发展也就岌岌可危。

如前些年流行图文变现，很多创作者擅长写作，但没有及时学习短视频制作。等到短视频的风口来了，很多写作者感觉力不从心，最终因能力不足无法成功转型，渐渐失去早期的优势。

因此，当你把一项技能做到极致之后，要抓紧学习其他技能，构建更强大的职业竞争力。不断突破自己的舒适区，踏入恐惧区去探索未知，这个过程就是在扩大自己的学习区。

记住，能够成就你的，也能够制约你。在第一优势不断消失之前，尽快打造第二技能，才是自媒体人的"金饭碗"。

（2）向上学，向下帮，向中抱团。一个人的成功，85%来自社交能力。换句话说，职业发展的最关键因素是你的社交圈，一个优质的社交圈可以给你带来前沿的行业信息和优质的人脉，影响你的人生轨迹（见图7-9）。

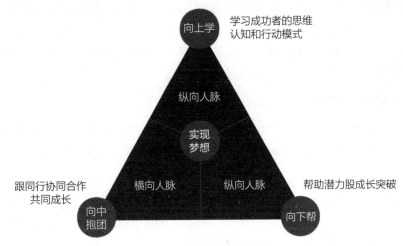

图7-9　优质的社交圈

在自媒体创业过程中，一开始你需要靠技能去开疆拓土，打造个人影响圈。然而到了一定阶段，你如果希望更进一步，就需要借助圈子的力量。这时你应该去帮助那些需要你的人，帮他们做出成绩，从而创造自己的影响力；你也需要向优秀的人学习，从而突破极限，不断发现新的机会，形成跨界合作；你还需要学会横向抱团，与那些旗鼓相当的朋友相互合作，进行资源整合。这三层人脉就像实现梦想过程中的三个阶梯，可以帮助你达到更高的事业巅峰，用最快的速度击穿圈层。因此，人脉力才是纵横未来的终身竞争力。

(3) 不断打造能力和信任背书，为职业简历镀金。在职业发展生涯中，一定要持续不断地打造成功事件，打磨代表作品，这些才是一个人的招牌。如果什么作品都拿不出来，没有了不起的事迹，如何吸引别人与你合作、如何让别人相信你的产品和服务、如何让优秀的人愿意和你同行？想要职业发展得更好，就要打造亮眼的成绩和作品。

2. 如何告别输出瓶颈

(1) 保持每天输入。对于一个全职写作者来说，每天保持一定的输入是必需的。你可以选择收看综艺节目，结合热点进行思考；可以给自己安排一场放空的旅行，在异国他乡碰撞出新的灵感火花；可以和有趣的朋友聊天，在交换信息的过程中进行思维发散；可以阅读一本安抚心灵的书籍，在文字的殿堂里放飞自我，收获新的启迪。只要保持长期输入，保持思考的习惯，就能不断输出优质内容。

(2) 及时记录灵感。你有随时记录灵感的习惯吗？很多自媒体人都会随身携带一个小本子，随时记录任何在脑海中迸发的灵感，回家只要对这些灵感稍加整理，就可以写出一篇非常棒的文案。如果你还没有随时记录的习惯，一定要尽早培养，这是让人受益终身的良好习惯。

(3) 懂得借鉴爆款。一个人的智慧是有限的，一群人的智慧却是无穷的，实在写不出内容的时候，可以看看同行都在写什么，有什么内容是可以借鉴的。然后在爆款内容中融入自身的思考和元素，争取写得更好、更全、更深，这样既可以提高自身的创作效率，作品也有很大概率得到更多人的关注。

3. 如何破除职业瓶颈

(1) 多平台发展。多平台发展是自由职业者的一个必选项，当你在一个平台发展到一定程度时，就要懂得开拓新的平台，将自身的影响力辐射到更大范围，创造多平台收入。

(2) 多渠道发展。自媒体收入多达十几种，已在前面的章节中做过详细介绍，读者可以回顾之前的内容。对于大部分自由职业者来说，变现的渠道相对局限，仅限于平台提供的补贴，这会导致收入并不乐观，并且随着红利的消失，收入会骤减。想要在这个行业获得长远发展，一定要构建多渠道收入，不断升级商业模式。

(3) 合理分配资金。离开了平台的支持，如果没有对金钱进行合理规划，自由职业者的处境是岌岌可危的。提升财务管理能力是自媒体人一生的修行。一个财商高的人，才有更大可能拥有巨大的财富，并使之出现钱生钱、利滚利的"飞轮效应"。

7.6 全职自媒体应保持的成长维度

从事自由职业之后,是否意味着可以放飞自我?是否不需要学习,不需要成长,整天就是吃喝玩乐,享受人生?如果你是这么想的,那你就大错特错了,因为全职自媒体等于创业,如果你只是一味地享受现在,就等于没有未来,而一个没有未来的自由职业者,距离无业也就不远了。

7.6.1 自由职业者更需要成长

自由职业者作为一类特殊人群,脱离组织、脱离职场,没有同事和领导帮助你成长,没有平台提供资源和信息帮你赋能,很容易出现成长缓慢,陷入迷茫和焦虑的情况。

此外,自由职业者靠自身的能力吃饭,必须比职场人成长得更快,因为你的成长速度直接与收入挂钩,尤其是互联网这种快速更迭的行业。如果没有保持成长,没有居安思危的思维,一味地躺在过去的成绩上吃老本,迟早会被淘汰。因此,对于自由职业者来说,成长比成功更重要。

7.6.2 关注 4 个维度的成长

对于全职自媒体人来说,应该关注以下4个维度的成长(见图7-10)。

图 7-10 关注 4 个维度的成长

1. 技能成长

技能包括写作能力、图片设计能力、编辑能力和运营能力等。想知道自己的技能水平有没有提升,就看你处理工作时的效率是不是提高了。例如,过去三个小时才能完成的工作,现在一个小时就能做到,则说明你的效率提高了。然后就是看质量是不是提高了。拿写作来说,假如你以前写的文章水平一般,很难得到别人的关注,而现在的文章经常得到很高的点赞和收藏，得到平台的奖励，得到大号的转载，那就证明你的写作能力提升不少。如果你从事自媒体的时间超过一年，各方面的技能没有成长，就要审视自己的方向是不是出了问题。

2. 人脉成长

刚进入自媒体行业时，你可能不认识多少人，但随着工作中不断的积累，你不仅认识了很多专业人士，还和他们构建了合作互利的关系，你能明显感受到自己的影响力不断扩大。判断你的社交关系怎么样，不是看你认识多少人，而是在你遇到问题时有多少人可以帮你。可以检查一下你朋友圈的人脉结构是否比过去丰富了不少，如之前认识的都是行业内的朋友，现在认识了各行各业的朋友，并保持不定时的联系，说明你的人脉圈在不断扩充。

3. 能力成长

技能和能力常常被混为一谈，但它们是有本质区别的。技能指的是特定领域的一种知识体系。以写作为例，知道标题怎么写才更有吸引力，故事怎么设置更加引人入胜，结构怎么写才能扣人心弦，这些都是写作方面的技能。能力却是一个底层操作系统，它是做成一件事的基本要素。如时间管理能力，如果时间管理做得不好，则会影响写作技能的发挥。

自媒体行业需要用到的能力包括自我管理能力、学习能力和认知能力。想知道你的能力是否一直在上升，可以看你的财务情况是不是越来越好，因为财富是能力的直接体现。

4. 财富成长

进入一个行业通常会经历四个阶段，即积累期、成长期、突破期、洗牌期。积累阶段可能没有收入或者收入比较低，成长阶段收入会出现大幅度的增加，突破阶段会趋向稳定。能不能有所突破，打开一个新局面，是由自身的成长性决定的。成长速度没有跑赢行业洗牌速度，就会被淘汰出局，直接进入洗牌阶段。但如果依靠之前的积累，整合资源构建起渠道收入，则依然可以发展得很好。

从事全职自媒体之后，可以通过以上四个方面检验自身的成长速度。在不同的阶段，自媒体人需要专注不同维度的成长，以达到平衡的状态。例如，刚进入自由职业阶段，需要关注技能与能力的成长，后期则需要专注人脉与财富的成长，前者是基础阶段，后者是进阶阶段。

7.6.3 全职自媒体人如何保持成长

读完前面的内容，相信你已经知道了成长的重要性。具备成长思维的人，就算起点很低，也能够在中途弯道超车；没有成长思维的人，就算具备了比较好的起步条件，后续也会被后来者赶超，甚至掉队。那么，对于一个全职自媒体人来说，究竟如何才能保持成长呢？

1. 关注平台新政策

平台政策是行业发展的风向标，保持对平台政策的关注，能更容易捕捉到行业发展的动向，也便于调整自身的工作来配合平台发展。例如，头条的规则近期发生了变化，图文原创标开通的条件由质量达标开通改为百粉开通，这时新手可以抓紧时间写文，用最短的时间涨到一百个粉丝，拿到原创标后争取更多收益。

2. 定期与行业专家沟通

《跃迁：成为高手的技术》这本书中提出了"联机学习"的概念，鼓励大家走出去和优秀的人互相认识，给大脑开一个"外挂"。联机学习最好的对象莫过于行业专家，他们对行业有着更高层次的认识，掌握了更丰富的资源，与他们进行交流往往能够收获额外的惊喜。

与专家沟通可以是多维度的，可以学习他们的文章、课程、书籍，也可以约他们做咨询、聊天，还可以参加他们的线下活动，听他们面对面地分享(见图7-11)。

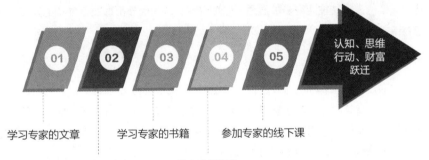

图 7-11　与行业专家沟通的维度

3. 定期参加高质量的活动

圈子对自媒体人的成长起到至关重要的作用，它能够传递丰富的信息，拓展自媒体人的眼界，提高思维水平，从而促进自身的进步。高质量的圈子能够给自媒体人提供有效的信息，进行资源置换，帮助自媒体人更好地在一个行业打造影响力。想要获得倍速的成长，自媒体人应该定期参加高质量的沙龙圈子，如学习圈子和行业圈子，主动打破舒适区。

4. 定期出去旅行

旅行在很多人眼中代表着诗和远方，是庸常生活的避难所，是远离车马喧嚣的疗愈方式。在笔者看来，旅行的意义不仅仅是邂逅明媚的风景，邂逅路上有趣的灵魂，更重要是在旅行的过程中，见天地，见众生，见自己。倘若一个人从眼前的方寸天地走出来，和万物相通，像海绵体一样，孜孜不倦地吸收宇宙间的能量，感受外界的频率，那么他接收的信息会越来越多样，感知会越来越敏锐，人生格局也会越来越开阔。

此外，旅行也是收集特殊和新鲜素材的重要方式。对于有心人来说，旅行是一种打开眼界、提升自我的重要途径。

5. 保持阅读的习惯

阅读被誉为人类进步的阶梯，纵观古今，厉害的人无一例外都爱书如命。

曾国藩曾落榜六次，他自知天赋不高，于是加倍读书不断提升自我。当他做官后，他依然不忘这个习惯，不管政务多忙，只要一闲下来，就会捡起书本畅游在知识的海洋里。时间从不辜负努力的人，曾国藩最终成了清朝一代名臣，不仅在政绩上做出了杰出的贡献，还成了文史领域的专家。

读书的意义，在于站在巨人的肩膀上看世界，可以补足思维上的缺陷，补足认知上的短板，使自我趋于完善。当你读过的书越来越多，你脑子里能够调取的有效知识就越多，解决问题的思维模型也就越多。

热爱阅读的人，往往活得更加通透、更加睿智，从内而外都散发着才华的光芒，正如那句"腹有诗书气自华"。

6. 定期更新简历

不管你有没有重回职场的打算，都应该定时更新职场简历。梳理简历是对职场经历的一次总结复盘，也是查缺补漏的重要机会。此外，更新简历可以测试当下的你能够匹配到什么样的工作机会，重新评估自己的价值，了解自己在行业内处于什么水平，以便后续做出相应的调整，让自己和就业市场保持同步成长。

名人推荐

对于内容创作者来说,这是一个最好的时代,因为自媒体的兴起,让创作门槛变得前所未有之低。但越是门槛低,竞争越激烈,越需要掌握系统思维,才更易脱颖而出。苏乐的这本书是一本真正的实战笔记,尤其适合入局自媒体的新人作者。

畅销书《能力突围》作者、百万粉丝新媒体人　焱公子

个体崛起时代,人人都需要打造自己的个人品牌。苏乐作为从零起步的新人,只用了两年时间就成为多平台的优质创作者,她的这本书非常适合新人学习,不仅写得非常全面和落地,内容更是系统有条理,认真看完后按照步骤实操,你会找到更有价值的自己。

畅销书《学习力》作者、价值变现大学创始人　Angie

自媒体已经让很多普通人先富了起来,如果你也想通过自媒体改变自己的命运,苏乐这本书将带你从零入行,它全面系统地介绍了各个自媒体平台的常见运营方法,更包含了适合新人变现的操作方式,对新人入场自媒体特别有帮助。

畅销书《副业赚钱之道》《大话程序员》作者、DISC国际认证咨询顾问 知乎大V　安晓辉

写作可以塑造个人品牌、打造影响力,实现个人价值和财富的跃迁。苏乐的这本书写得十分系统化,介绍了十多种自媒体的变现方式、七个平台的运营方法、全职写作的五种自我管理方法等,不管你是新手入门,还是希望更进一步变成以运营自媒体为主的自由职业者,这本书值得你拥有。

百万粉丝自媒体人、出版作家、简书大V　齐帆齐

目前的自媒体行业可谓百花齐放,如何才能在激烈的竞争中脱颖而出?此书内容的适用范围广,可操作性超强,不仅总结出了自媒体运营者可能会遇到的各种困惑与迷茫,还针对性地提出了切实可行的破局方法。想要玩转自媒体,轻松了解与掌握各大主流平台的运营规则及实操方法,苏乐的这本书帮你搞定,从入门到精通,从精通到变现,从变现到提升一应俱全。

《职场就是拼情商》作者、头条职场优质创作者　肖　军

学员评价

有人说，写作是最好的自我投资。这话我信，而且这话放在苏乐老师身上再合适不过了。几年前，她辞去收入不错的工作，开始从事自媒体工作，不但靠写作养活了自己，还活得很精彩。

苏老师是个多面手，自媒体矩阵经营得有声有色，不但让自己站稳了脚跟，还带出了多个优质学员。在这本书中，她将自己多年所沉淀的自媒体写作经验倾囊相授，讲理论，更重实用，很多技巧拿来就能用，用了就见效，就能出爆款文章。

不管是对于新媒体新人，还是写作出现瓶颈的作者，这本书都值得一读，都应作为枕边书经常翻翻。作为一名自媒体写作者，我越来越觉得，写作有无老师引路、高手指点，大不一样。这本书的价值如何，相信你读后自有评判。

有书签约作者，文章多次被人民日报、洞见、十点读书转载　武小五

这个时代，互联网为普通人提供了一个很好的舞台，只要你有一技之长，就能够借助网络这个工具，摆脱朝九晚五的上班族生活，实现自由办公，做自己生活的主人。网络时代流量为王，苏乐老师是为数不多的，打通各大平台内容、引流底层逻辑的专家。

相信她的新书一定能够给你带来满满的惊喜。

财经自媒体人　有财华的宇宙哥

2018年底和苏乐老师相识，通过学习她的课程，慢慢摸索出在新媒体公众号写文章的方法，开始有了自己的小成绩，可以说苏乐是我写作生涯的启蒙老师了。想要知道新媒体系统的写作、营销、变现方式，那这本书你一定不要错过，认真学习并按照书中讲解的方法实践，相信你会有所收获，找到适合自己的运营个人品牌的方式。

读者新媒体签约作者、今日头条优质职场内容创作者　摇　摇

认识苏乐两年了，我是她最早一批学员，过去的我从不相信自己的文字能够变现，直到遇到苏乐，才发现我不过是缺了个好老师罢了，她的文字富有感染力，她的课程干货满满，每次翻看她的公众号文章，都想一读再读，收获颇多。这本书通俗易懂，内容有条不紊，值得细嚼慢咽。

卡娃微卡作者、独立音乐人　Lyn

学员评价

当今时代，"个人+平台"的商业模式正逐渐取代"企业+雇员"的模式，因此发展一条能够变现的渠道至关重要，而变现的核心保障是要有持续输出优质内容的能力。2019年12月，我有幸结识了苏乐老师，和她学习了一些写作技巧并逐步开始在各个平台发表文章。在运营逻辑上，她帮助我进行了详细的线上变现路线规划、引流到私域流量的资源整合，以及文案能力的专项提升，短短一年的时间我就彻底转型成为全职自媒体人，收入翻了三倍。不论有任何问题，苏乐老师都能全方位进行指导，相信她的这本书也一定能让读者有所收获！

电商文案达人、今日头条优质内容创作者　叙　白

职场上我是名资深HR，但在自媒体领域我却是新手，2020年初很幸运地认识了苏乐老师，跟着听她的课程，逐渐提升了我写作的逻辑思维和平台运营技巧，帮助我少走了许多弯路。如果你和我一样是自媒体新手，想通过业余时间开辟"副业"，苏乐老师的这本书可以帮助你清晰地建立自媒体知识体系，为你答疑解惑，让你未来的人生拥有更多的选择。

地产行业资深HR、今日头条优质职场内容创作者　阳笑笑

2019年第一次认识苏乐老师的时候，我正像无头苍蝇一样，对自媒体写作一无所知，无从下手。

后来我对她的课程及她在各平台的作品进行了认真学习，慢慢在自媒体写作道路上摸索出了一些自己的方法。这本书可以算得上是她几年来思想的精华、经验的提炼，书中内容实操性强，连如今最新的视频领域也有所涉猎，足见其始终走在时代的最前沿，为我们带来她最新的领悟。

如果你也对自媒体领域好奇又跃跃欲试，或者只是单纯对写作、视频创作、IP孵化等感兴趣，这本书都能为你指引方向，帮助你快速成长。

头条职场优质创作者、富书投稿作者　蟹　肉

我是一名95后创业者，同时也是一名自媒体创业者，在知乎看到苏乐写的关于自媒体运营的文章，干货满满，于是加了微信，跟她讨教了很多问题。经她指导，我豁然开朗，有时候困扰我们很久的问题可能别人一句话就能解决。后来我邀请苏乐给我们团队的自媒体运营人员上课，她也都是非常尽心，运营人员的水平得到迅速提高。跟对的人学习，你会进步很快。

环保科技公司创始人、知乎优质创作者　陈亚东